AQA FOUNDATION

French
Answers & Transcripts

OXFORD

UNIVERSITY PRESS

Great Clarendon Street, Oxford, OX2 6DP, United Kingdom

Oxford University Press is a department of the University of Oxford.
It furthers the University's objective of excellence in research,
scholarship, and education by publishing worldwide. Oxford is a
registered trade mark of Oxford University Press in the UK and in
certain other countries

British Library Cataloguing in Publication Data
Data available

978-0-19-844592-0

1 3 5 7 9 10 8 6 4 2

Paper used in the production of this book is a natural, recyclable
product made from wood grown in sustainable forests.
The manufacturing process conforms to the environmental
regulations of the country of origin.

Printed in Great Britain by Ashford Colour Press Ltd., Gosport

Cover photograph: @ Tim De Waele/TWDsport.com/Corbis

Contents

KS3 revision

Nouns (pp10–11)

1 Work out the genders of the following words and then check your answers using a dictionary. Write M or F.

M: 2, 5, 6, 8, 9, 10, 12, 14, 16, 20

F: 1, 3, 4, 7, 11, 13, 15, 17, 18, 19

2 Work with a partner to find the French for all these words in the notes about plurals.

1 les journaux 2 les yeux 3 des choux 4 les professeurs
5 les travaux 6 des cours 7 des prix 8 les vacances
9 messieurs 10 les bureaux 11 des animaux
12 les ciseaux 13 des fois 14 les livres 15 des genoux
16 des carnavals 17 les bananes 18 les cieux
19 les gâteaux 20 les festivals

Articles (pp12–13)

3 Put the correct word for 'the' in front of these nouns. You may need to check the gender of some of the nouns.

1 la fille 2 la femme 3 le professeur 4 l'histoire
5 la chaise 6 la ville 7 l'ami 8 le stylo 9 le travail
10 l'animal

4 Put the correct word for 'a / an' in front of these nouns. You may need to check the gender of some of the nouns.

1 un village 2 un cours 3 une heure 4 un avantage
5 une banane 6 un mois 7 un kilo 8 une piscine
9 une sœur 10 un billet

5a Write all the nouns in activity 3 in the plural form. Include the definite article *les*.

1 les filles 2 les femmes 3 les professeurs
4 les histoires 5 les chaises 6 les villes 7 les amis
8 les stylos 9 les travaux 10 les animaux

5b Write all the nouns in activity 4 in the plural form. Include the definite article *des*.

1 des villages 2 des cours 3 des heures
4 des avantages 5 des bananes 6 des mois
7 des kilos 8 des piscines 9 des sœurs 10 des billets

6 Write the correct form of the partitive article (*du / de la / de l' / des*) in front of each noun. Write down their meaning in English.

1 des crayons *pencils*

2 de l'or *gold*

3 du fromage *cheese*
4 des petits pois *peas*
5 de la salade *salad*
6 des sandwichs *sandwiches*
7 des hommes *men*
8 du jambon *ham*
9 du courage *courage*
10 du vin *wine*

7 Complete these sentences with the correct form of *de* or *du / de la / de l' / des*. Watch out for negative phrases and quantities.

1 des, du, du 2 de 3 de 4 des, du 5 du, de la
6 d' 7 de, de 8 de la 9 de 10 des, du

8 Complete the questions with the appropriate question word. Then translate the questions into English.

1 Quelle *Which school subject do you prefer?*
2 Où *Where do you live?*
3 Pourquoi *Why is she sad?*
4 Quels *Which sports do you like?*
5 Combien *How many brothers does he have?*
6 Comment *What's her name / what is she called?*
7 Qu'est-ce que *What is it?*
8 quand *When is your birthday?*
9 Comment *What's the history teacher like, nice or difficult?*
10 Quelles *Which flowers are you buying?*

9 Translate these sentences into French. For 'you', use *tu* or *vous* as indicated.

1 Qui est-ce qu'elle? / Qui est-elle?
2 Où habitez-vous?
3 Comment t'appelles-tu?
4 Quel âge as-tu?
5 Comment allez-vous?
6 Combien d'argent as-tu?
7 Où sont les livres?
8 Quel film préfères-tu?
9 Quand arrivez-vous?
10 Pourquoi est-elle là / ici?

Numbers (p14)

10 Write these numbers in figures.

1: 16 2: 82 3: 300 4: 27 5: 33
6: 71 7: 41 8: 94 9: 153 10: 99

11 Write these numbers in words in French.

1 dix-neuf   2 vingt-cinq   3 trente-et-un
4 cinquante-deux   5 soixante-neuf   6 soixante-seize
7 quatre-vingt-un   8 cent-quatre-vingt-dix
9 cinq-cents   10 deux-cent-quarante-sept

Dates and time (p15)

12 Write these dates in full in French, as shown in
the example.

1 C'est le trois septembre.

2 C'est le onze novembre.

3 C'est le quinze mars.

4 C'est le premier avril.

5 C'est le vingt octobre.

6 C'est le trente-et-un juin.

7 C'est le dix-neuf février.

8 C'est le vingt-sept mai.

9 C'est le quatorze août.

10 C'est le vingt-cinq décembre.

13 Write these times in words in French using the
12-hour clock. Start each answer with *Il est …*

1 Il est une heure cinq.

2 Il est trois heures dix.

3 Il est quatre heures et quart.

4 Il est sept heures vingt.

5 Il est cinq heures vingt-cinq.

6 Il est deux heures et demie.

7 Il est onze heures moins le quart.

8 Il est sept heures moins dix.

9 Il est dix heures moins cinq.

10 Il est douze heures / midi / minuit.

14 Write out these times in full using the 24-hour
clock.

1 Il est six heures quinze.

2 Il est onze heures trente-six.

3 Il est douze heures quarante-neuf.

4 Il est treize heures quarante-cinq.

5 Il est quinze heures douze.

6 Il est dix-sept heures quatre.

7 Il est dix-huit heures trente.

8 Il est vingt heures dix.

9 Il est vingt-deux heures cinquante-neuf.

10 Il est vingt-trois heures.

Dictionary skills

Alphabetical order (p17)

1 Write these six names in alphabetical order.
1 Jeanne   2 Jérôme   3 Nadine
4 Natalie   5 Yvan   6 Yvonne

2 Write each group of surnames in alphabetical order.
1   Abrard Ahmed Aristide Arnaud
2   Béjart Berlaymont Bossu Boucher
3   Collon Colombe Corbeau Créache

Unit 1: Me, my family and friends

1.1 Relationships with family and friends

1.1 G Ma famille et moi (pp18–19)

1a Read the conversation between Henri and Asma. Then listen to the conversation and complete the details of their families.

Henri et sa famille	Asma et sa famille
Âge d'Henri: 15 ans	Âge d'Asma: 16 ans
Son frère:	Sa petite sœur:
Nom: Enzo	Nom: Aisha
Âge: 14 ans	Âge: 14 ans
Sa sœur:	Sa grande sœur:
Nom: Emma	Nom: Yasmine
Âge: 18 ans	Âge: 20 ans

Transcript
— Salut. Je m'appelle Henri. Et toi?

— Moi, je m'appelle Asma. Quel âge as-tu, Henri?

— Quinze ans, et toi?

— Moi, j'ai seize ans.

— Tu as des frères et des sœurs?

— Je n'ai pas de frères mais j'ai deux sœurs.

— Elles ont quel âge?

— Aisha a quatorze ans et Yasmine a vingt ans. Et toi?

— Moi, j'ai un frère et une sœur. Enzo a quatorze ans et Emma a dix-huit ans.

1b Answers will vary.

2a Listen and match the three speakers (1–3) with their photos (A–C).
1 C   2 A   3 B

2b Listen to the conversation again. Are the statements true or false? Then translate the statements into English.
1 F   2 T   3 T   4 F   5 F   6 T   7 F   8 T

1   Chloé is sixteen.
2   There are seven people in Chloé's family.
3   Chloé likes her cats.
4   Gabriel has a brother.
5   Gabriel lives with his father.
6   Hugo is fourteen.
7   Hugo has a little brother.
8   Hugo hates his sister.

Transcript
— Salut. Moi, je m'appelle Chloé. J'ai quinze ans et j'ai une grande famille. Nous sommes sept. Il y a mes parents, mes deux frères, mes deux sœurs et moi. Nous avons aussi deux chats. J'adore mes chats.

— Bonjour. Mon nom est Gabriel. J'ai seize ans et j'ai une demi-sœur mais je n'ai pas de frères. Mes parents sont divorcés. J'habite chez ma mère. On a un petit chien qui a deux ans.

— Moi, je suis Hugo et j'ai quatorze ans. Mon grand frère a dix-huit ans et ma petite sœur a neuf ans. J'aime bien mon frère mais ma sœur est casse-pieds!

3 Choose the correct form of *avoir* or *être* to complete the sentences.
1   J'**ai** quatorze ans. Nous **sommes** quatre dans ma famille.
2   Est-ce que tu **as** des frères et des sœurs?

3   Moi, j'**ai** un frère. Il **est** casse-pieds!

4   Mon frère **a** seize ans.

5   Mes parents **sont** sympa. Ils **ont** un petit chat. Il **a** deux ans. Je l'adore.

6   Et toi, tu **as** un animal?

4   Answers will vary.

5   Answers will vary.

1.1 F Ma famille et mes amis (pp20–21)

1   Choisis les bons adjectifs pour décrire quelqu'un que tu aimes bien.

généreux / généreuse(s), gentil(s) / gentille(s), sympa, amusant(s) / amusant(e)s, drôle(s)

2a   Read the four blog entries. Complete each sentence by writing the name of the person.

1 Arthur   2 Louis   3 Camille   4 Emma   5 Lilou   6 Jade

2b   Fais correspondre les débuts de phrases avec les fins de phrases.

1 c   2 f   3 a   4 e   5 b   6 d

3   Complete each sentence using the correct form of the verb in brackets (check your endings and pronouns).

1 s'appelle   2 nous entendons   3 me dispute
4 se fâchent   5 vous entendez   6 te disputes

4a   Listen to the conversation between Manon and Lucas. Who is described as being …? Choose the person (a–h).

1 d   2 g   3 e   4 h   5 c   6 a   7 f   8 b

4b   Listen to the conversation again. Who is referred to in sentences 1–6?

1 Lucas' younger brother   2 Manon's little sister   3 Lucas
4 Manon   5 Manon's parents   6 Lucas' mother

Transcript

— Tu es fils unique, Lucas?

— Non, j'ai une petite sœur de cinq ans qui est adorable et un frère qui a douze ans, mais lui, il n'est pas gentil. Il m'énerve! Et toi, Manon?

— Moi aussi, j'ai un frère et une sœur. Je m'entends bien avec mon grand frère parce qu'il est vraiment sympa mais je me dispute toujours avec ma petite sœur. Elle est très égoïste et en plus, elle est jalouse de moi.

— Tu t'entends bien avec tes parents?

— Ça va. Ils me critiquent quand je sors avec mes copains mais on ne se dispute pas souvent. Je m'entends bien avec mon père. Il est plus compréhensif que ma mère. Elle est très sévère, à mon avis. Et toi, tu te disputes avec tes parents?

— Mes parents sont divorcés et je vois rarement mon père. Je vis avec ma mère et on se dispute quelquefois, par exemple si je n'ai pas fait mes devoirs. Elle pense que je suis paresseux. Je m'entends bien avec mon père. Il est généreux et je le trouve drôle.

5   Answers will vary.

1.2 G On se marie? (pp22–23)

1   Match the speech bubbles (1–5) with the pictures (A–E).

1 E   2 C   3 A   4 D   5 B

2   Listen to Clara, Nathan, Léa, Éva, Tom and Ethan talking about their ideal partner. Write down who says what and then translate the sentences into English.

1 Léa   2 Clara   3 Ethan   4 Tom   5 Nathan   6 Éva

1   I like funny / amusing boys.

2   I would like to have a family.

3   I don't like girls much.

4   We have the same interests.

5   I'm sixteen years old.

6   Being good-looking isn't important.

Transcript

— Ton partenaire idéal, il est comment, Clara?

— Il est grand et il a les yeux bleus. Il est gentil et il voudrait se marier avec moi et avoir des enfants.

— Et toi, Nathan?

— Ma petite amie est ma partenaire idéale. Elle a seize ans, comme moi. Elle est très généreuse. Moi, je l'adore.

— Et toi, Léa? C'est qui, ton partenaire idéal?

— C'est un garçon que je connais, au collège. Il est intelligent et il a un humour fantastique.

— Et toi, Éva?

— Je voudrais trouver un petit ami qui m'aime pour mes qualités personnelles. Je pense que la beauté physique n'est pas importante.

— Et toi, Tom?

— J'ai beaucoup en commun avec ma copine. Je crois qu'elle est ma partenaire idéale.

— Et toi, Ethan?

— Je n'ai pas de petite amie. Je préfère la compagnie des garçons. Je ne voudrais pas me marier.

3 Rewrite the sentences, adding the adjectives given in brackets in the correct position. Make them agree with the nouns they describe, if necessary.

1   J'ai un nouveau copain.
2   Elle a les cheveux longs.
3   Il a les yeux verts.
4   C'est une jolie fille.
5   Mon partenaire idéal est très grand.
6   Ma copine a une grande famille.
7   Mon petit frère a dix ans.
8   C'est un garçon sympa.
9   Ma copine porte des lunettes fantastiques.
10   Son petit ami a beaucoup de qualités personnelles.

4   Answers will vary.

5   Answers will vary.

1.2 F Tu aimerais te marier? (pp24–25)

1   Classe ces mots en quatre groupes. Chaque groupe traite de quel sujet?
1, 6, 11, 12, 13 are about getting / being married
2, 7, 10 are about divorce
3, 5, 8 are about separating
4, 9, 14 are about getting engaged.

2a   Lis les textes et fais correspondre les trois personnes avec les projets d'avenir 1–3.
Fatima – 3   Charlotte – 2   Louise – 1

2b   Relis les textes et tes réponses à l'activité 2a. Choisis une personne pour chaque phrase. Ensuite, traduis les phrases en anglais.
1 Louise   2 Fatima   3 Fatima   4 Charlotte   5 Louise

1   There are five of us at home.
2   I hope to have two children.
3   There are two of us at home.
4   I'm not going to get married.
5   Religion is important to me.

3a   Rewrite the sentences using the immediate future.

1   Il va sortir avec Julie.
2   Je vais avoir deux enfants.
3   Ils vont se marier à l'église.
4   Elle va adopter un enfant.
5   Il va rester célibataire.
6   Ils ne vont pas divorcer.

3b   Choose the correct future-tense verbs from the list to complete the sentences.
1 divorceront   2 adopterons   3 marierai, aurai   4 finiras
5 irez   6 fera

4a   Listen to Sarah, Romane, Karima and Clément. Who ...
1 Karima   2 Clément   3 Romane   4 Karima   5 Sarah
6 Romane

4b   Écoute encore une fois et corrige ces phrases.

1   Sarah **ne** va **pas** se marier avant l'âge de trente ans.
2   **Cinquante** pour cent des mariages finissent en divorce.
3   La mère de Karima s'est mariée à **vingt** ans.
4   Les parents de Clément sont **séparés**.
5   **Sarah** va finir ses études avant de se marier.
6   Karima **veut** un mariage religieux.

Transcript

— Tu as l'intention de te marier Sarah?

— Oui, mais pas avant trente ans. Je vais finir mes études et voir le monde d'abord. Si je trouve mon partenaire idéal, j'espère qu'on se mariera mais je ne veux pas avoir d'enfants.

— Et toi, Romane?

— Moi, le mariage, ça ne m'intéresse pas. Cinquante pour cent des mariages finissent en divorce. Moi, je préfère avoir un partenaire et si ça ne va pas, je le quitte et c'est tout. Je n'ai pas encore décidé si je vais avoir des enfants. Je peux toujours en adopter un.

— Et toi Karima?

— Moi, je vais me marier en robe blanche à l'église. Je voudrais avoir une famille nombreuse avec l'homme de mes rêves. Je me marierai à vingt ans, j'espère, comme ma mère. Et toi, Clément?

— Moi, mes parents sont séparés alors, évidemment, je ne crois pas au mariage. Je voudrais vivre avec ma partenaire mais je ne vais pas avoir d'enfants. Si on n'est pas mariés, ce n'est pas une bonne idée d'avoir des enfants, à mon avis.

5a Answers will vary.

5b Answers will vary.

Grammar practice (pp26–27)

1 Complete the sentences using the French possessive adjectives that match the words in brackets.

1 **Mon** frère a vingt ans et **ma** sœur a douze ans.
2 Dans **sa** famille, il y a cinq personnes.
3 Quel âge a **ton** petit ami?
4 **Mes** parents sont divorcés.
5 **Mon** demi-frère s'appelle Alexandre.
6 Où habitent **tes** cousins?
7 Quel âge a **ta** sœur?
8 **Son** grand frère est sympa.

2 Complete the sentences using *qui*, *que* or *qu'*.
1 que 2 qui 3 qu' 4 qui 5 qui

3 Complete the sentences using the adjectives in brackets. Make them agree with the nouns they describe.

1 Mes **petites** sœurs sont casse-pieds.
2 Mes cousines sont très **gentilles**.
3 Ma mère est assez **grande**.
4 Mon grand-père est vraiment **généreux**.
5 Ma partenaire idéale a les yeux **noirs**.
6 Elle a aussi les cheveux **longs**.

4 Complete the sentences using the correct comparative or superlative form.

1 Elle est **plus sympa** qu'Alexandre.
2 Il a de **meilleurs amis** que moi.

3 Mes frères sont **moins difficiles** que mes sœurs.
4 Ma sœur est **aussi paresseuse** que moi.
5 Ils s'entendent **mieux** avec leurs amis qu'avec leurs parents.
6 C'est le garçon **le plus désagréable** de la classe.
7 Il est **le plus gentil** de sa famille.
8 Mes amies sont les personnes **les plus drôles** de mon collège.
9 Ma petite sœur est **la plus jeune** de la famille.
10 C'est mon père qui est **le plus sévère**.

5 Match the French sentences 1–10 with their English equivalents a–j.
1f 2c 3j 4i 5d 6e 7a 8h 9g 10b

Unit 2: Technology in everyday life

2.1 Social media

2.1 G On garde le contact (pp30–31)

1a Read what people do on social media (1–4) and match them with the pictures (A–D).
1D 2A 3B 4C

1b Read the comments (1–4) and match them with the pictures (A–D) in activity 1a.
1C 2B 3D 4A

2 Listen to six people (1–6) talking about their activities on social media and match them with the correct photos (A–F).
1E 2C 3A 4B 5F 6D

Transcript
— Regardez cette vidéo! Je pense qu'elle est super.

— Regarde mes photos de vacances. Dis-moi laquelle tu préfères.

— Je te contacte par mail ce soir.

— Je travaille sur un montage de photos de tous mes amis.

— Ma sœur écrit un blog sur ses activités sans photos. Je trouve ça ennuyeux!

— J'ai une nouvelle copine. Elle est canadienne. Elle s'appelle Julia.

3 Answers will vary.

4a Complete the sentences. Choose a verb from the list and give it its correct ending.
1 partage / regarde   2 adore / aime
3 tchattent / communiquent / discutent
4 penses / trouves   5 aimez / préférez / adorez / regardez
6 contactons

4b Answers will vary.

5 Answers will vary.

2.1 F Les réseaux sociaux (pp32–33)

1 On utilise les médias sociaux pour quelles raisons? Fais correspondre les expressions à leur traduction en anglais.
1h 2c 3f 4g 5a 6e 7b 8d

2a Read the four forum contributions. Which statements (1–8) are true?
1, 3, 6 and 8

2b Relis les quatre contributions. Qui dit cela?
1 Nathan   2 Manon   3 Lilou   4 Lucas   5 Nathan

3 Écoute quatre amis qui expliquent les avantages et les inconvénients des réseaux sociaux. Recopie et complète la grille.

	Avantages	Inconvénients
Julie	Elle a des centaines de copains/copines.	Ce sont seulement des amis virtuels, ce n'est pas comme de vraies copines.
Raj	C'est bien pour communiquer quand on habite loin de ses copains.	Ça coûte cher.
Martin	On peut tout partager.	Il est un peu dépendant.
Caroline	C'est bien pour le contact avec les autres.	On y passe trop de temps.

Transcript

— Julie, utiliser les réseaux sociaux, est-ce que ça change la vie?

— Pour moi, oui. Je suis fille unique donc je suis un peu isolée. Grâce à la technologie, j'ai des centaines de copains et copines. Le problème, c'est que ce sont seulement des amis virtuels, ce n'est pas comme de vrais amis!

— Et toi Raj?

— Moi, ça ne m'intéresse pas beaucoup. J'ai des copains d'école, mes voisins, ma petite amie. Je sais que c'est bien pour communiquer quand on habite loin de ses copains mais pour moi, ce n'est pas essentiel et ça coûte cher.

— Et toi, Martin?

— Moi, je ne peux pas vivre sans technologie. Grâce aux réseaux sociaux, j'ai des amis fantastiques. On peut tout partager: ses idées, ses opinions, ses photos, ses films. Le problème c'est que je suis un peu dépendant, je pense.

— Et toi, Caroline?

— C'est vrai que c'est bien pour le contact avec les autres. Ce qui ne me plaît pas, c'est qu'on y passe trop de temps. Moi, je me limite à une heure par jour.

4 Complete the sentences using the correct present tense form of the verbs given in brackets.
1 voit   2 devons   3 ai   4 peux, veux   5 dit, suis
6 sais, fait

5a Answers will vary.

5b Answers will vary.

2.2 Mobile technology

2.2 G Tu es technophile? (pp34–35)

1a Read the conversations (1–6) and match them with the photos (A–F).
1 E 2 A 3 F 4 D 5 B 6 C

1b Complete the sentences, choosing the correct piece of technology from the list.
1 The old mobile phone   2 The MP3 player   3 A laptop
4 The smartphone   5 The tablet

2 Listen to Tom and Élodie. Decide whether their comments about the following are positive (P), negative (N) or positive and negative (P+N).
1 P 2 N 3 P 4 N 5 N 6 P+N

Transcript

— Quel portable as-tu, Élodie?

— Un smartphone. Regarde. Il est vraiment cool. Et toi, Tom?

— Moi, mon portable est assez vieux.

— Tu as Internet à la maison?

— Oui, j'ai un ordinateur tablette. Il est très rapide. Et toi aussi?

— Non, j'ai un PC qui est très vieux et très lent.

— Avec une souris?

— Oui, ce n'est pas pratique.

— Tu as un lecteur MP3?

— Oui, il est bien mais je ne l'utilise plus maintenant. Il est trop vieux. Quel portable as-tu, Élodie?

— Un smartphone. Regarde. Il est vraiment cool. Et toi, Tom?

— Moi, mon portable est assez vieux.

— Tu as Internet à la maison?

— Oui, j'ai un ordinateur tablette. Il est très rapide. Et toi aussi?

— Non, j'ai un PC qui est très vieux et très lent.

— Avec une souris?

— Oui, ce n'est pas pratique.

— Tu as un lecteur MP3?

— Oui, il est bien mais je ne l'utilise plus maintenant. Il est trop vieux.

3   Complete the sentences, using *ce, c'* or *ça*.
1 C'   2 Ça   3 Ce   4 Ça, c'   5 c', ça   6 C', Ce

4   Answers will vary.

5   Answers will vary.

2.2 F Tu t'en sers souvent? (pp36–37)

1   Groupe ces mots en paires de synonymes ou d'antonymes.

dépendant – accro (synonyms), avoir raison – avoir tort (antonyms), mettre en marche – éteindre (antonyms), aider – faciliter (synonyms), connais – sais (synonyms), utiliser – se servir de (synonyms)

2a   Read the comments and decide whether the statements 1–6 are true (T), false (F) or not mentioned in the text (NM).
1 T   2 F   3 NM   4 NM   5 T   6 T

2b   Read the comments again and name the person who …
1 Clara's friend   2 Max   3 Clara's friend   4 Thomas

3a   Listen to Inès and Mathéo talking about their mobile phones. Decide whether each of 1–9 applies to Inès, Mathéo or Mathéo's father.
1 Mathéo   2 Inès   3 Mathéo   4 Inès   5 Inès   6 Inès
7 Mathéo's father   8 Mathéo   9 Mathéo's father

3b   Écoute encore une fois et complète les phrases (1–4) en choisissant les bons mots.
1   envoyer des textos, prendre des photos
2   télécharger de la musique, des films
3   le GPS, l'agenda
4   lire ses mails, aller sur Facebook

Transcript

— Tu as un smartphone, Inès? Fais voir.

— Il est super. Regarde.

— Pour moi, un portable ordinaire, c'est suffisant. Je téléphone à mes parents parfois. Ce que je fais le plus, c'est envoyer des textos. J'aime bien aussi prendre des photos, surtout quand je suis en vacances.

— Tu vas souvent en vacances?

— Non, on y va une fois par an. Cette année, nous allons en Espagne. Je vais prendre mon portable, bien sûr, j'aime garder le contact avec mes copains. Et toi, qu'est-ce que tu fais le plus avec ton portable?

— Moi, j'aime bien télécharger de la musique. Avec mes copines, nous faisons tout le temps ça. Quand on va se promener par exemple, on écoute de la musique. Ils sont vraiment bien, ces smartphones.

— Mon père en a un. Lui, il utilise les applications comme le GPS et l'agenda. Ce qu'il y a de bien avec les smartphones, c'est qu'on peut télécharger toutes sortes d'applications. Il y en a même qui sont gratuites.

— C'est ça. Et puis, évidemment, on a accès à Internet, donc tu peux lire et envoyer les mails ou aller sur Facebook. Moi, je fais tout ça, tout le temps.

4   Copy the sentences and fill in each gap with the correct form of *aller* or *faire*.
1 fais   2 vais   3 vas   4 font   5 allons   6 fais

5 Answers will vary.

6 Answers will vary.

Grammar practice (pp38–39)

1 Choose *avec* or *sans* to complete the sentences.
1 avec   2 avec   3 sans   4 sans   5 sans   6 avec

2 Choose the correct interrogative adjective to complete the questions.
1 Quelle   2 Quel   3 quelle   4 Quelles   5 Quels   6 Quel

3 Complete the sentences by adding the correct form of *grâce à*.
1 Grâce aux   2 Grâce à   3 Grâce aux   4 Grâce à
5 grâce au   6 Grâce à

4 Complete the sentences using the correct pronouns.
1 moi, elle   2 lui   3 toi   4 Toi   5 Elle   6 Moi

Test and revise: Units 1 and 2

Reading and listening

Foundation – Reading and listening (pp42–43)

1 Read the opinions about marriage and cohabitation. Who said what?
1 Sarah   2 Camille   3 Henri   4 Jules   5 Lola

2 Lisez le mail et répondez aux questions en **français**.
1   pour lui souhaiter bon anniversaire
2   une tablette
3   parce qu'il sait que les tablettes sont chères
4   any two: elle est pratique, légère, facile à porter, moderne, rapide, elle marche bien
5   elle est plus rapide
6   any two: pour les réseaux sociaux, pour envoyer des messages, pour partager ses photos, pour télécharger de la musique
7   pour voir sa nouvelle tablette

3 Translate the following passage into **English**.

Suggested answer
Thanks to new technology, he has lots of virtual friends. He often communicates with them and he really likes putting photos that he has taken on the social network that he uses. His best friend sends him messages every day. They get on very well.

4 Listen to three teenagers talking about what they like and dislike about social networks. For each, write an activity that they like and an activity that they dislike.
1   likes taking part in forums; dislikes blogging
2   likes communicating with friends; dislikes sharing photos
3   likes making new friends; dislikes writing messages

Transcript
— J'aime participer à des forums de discussion mais je n'aime pas blogger.

— J'aime bien communiquer avec mes amis mais je n'aime pas partager mes photos.

— J'aime bien faire de nouveaux amis mais je n'aime pas écrire de messages.

5 Écoutez Benoît parler de sa situation familiale. Complétez les phrases. Choisissez A, B ou C.
1 A   2 B   3 C   4 C

Transcript
Mes parents sont divorcés et ma mère s'est remariée avec quelqu'un qui est maintenant mon beau-père. Lui, il a des enfants de son premier mariage, un garçon de huit ans et une fille de treize ans. J'ai donc un demi-frère et une demi-soeur. J'ai aussi mes deux petits frères et ma soeur aînée qui a maintenant dix-neuf ans. Elle a déménagé et habite avec son petit ami. On est sept chez ma mère.

6 Écoutez Nadia parler de son avenir. Complétez les phrases. Choisissez les **deux** phrases qui sont vraies.
B, D

Transcript
Moi, je pense que je vais rester célibataire. Je n'ai pas de petit ami et je ne veux pas en avoir un. Mes copines sont tout le temps en train de changer de

petit copain. Moi, ça ne m'intéresse pas. Je préfère avoir de bons amis à qui je peux faire confiance. Si je veux un enfant plus tard, je vais en adopter un. Je n'ai pas l'intention de me marier. Il y a un mariage sur deux qui finit en divorce. C'est trop risqué, à mon avis. Si on a des enfants ensemble, la situation devient difficile.

Writing and translation

Foundation – Writing and translation (pp44–45)

1 Vous envoyez une photo à votre ami(e) français(e). Qu'est-ce qu'il y a sur la photo? Écrivez **quatre** phrases en **français**.

Suggested answers

1 Il y a deux copines à un café.

2 Elles utilisent toutes les deux leurs portables.

3 Elles ne parlent pas.

4 Les femmes boivent un café.

2 Répondez à un mail que vous avez reçu de Jade, votre amie française. Écrivez environ **40** mots en **français**.

Suggested answer

Salut Jade,

Mes copains s'appellent Arthur et Henri. Ils ont seize ans. Nous allons souvent au cinéma ensemble et nous faisons aussi des jeux. Nous aimons jouer au foot et sortir avec nos autres copains le week-end. Je n'ai pas de petit ami.

À bientôt,

Sarah

3a Translate the following sentences into **French**.

1 J'ai un portable.

2 J'aime téléphoner à mes ami(e)s.

3 J'envoie aussi des textos.

4 J'écoute souvent de la musique.

5 Hier, j'ai utilisé Internet.

3b Translate the following sentences into **French**.

1 Ma petite amie est très gentille.

2 Elle s'appelle Emma. Elle a seize ans.

3 Elle a les yeux verts. Elle est belle.

4 Je veux me marier plus tard.

5 Je voudrais aussi avoir des enfants.

4a Votre ami français Thomas vous a envoyé un mail et vous a demandé de parler un peu de votre famille. Écrivez environ **90** mots en **français**. Répondez à chaque aspect de la question.

Suggested answer

Salut Lucas,

Dans ma famille, il y a cinq personnes, mon père, ma mère, mon frère, ma sœur et moi. Ma mère est sympa mais mon père est sévère. Mon petit frère a huit ans. Il est très mignon. Ma sœur a quatorze ans. Elle va au même collège que moi. Je m'entends bien avec ma mère et mon frère mais je ne m'entends pas bien avec ma sœur. Avec mon père, ça va. Mais, samedi dernier, je me suis disputé avec mon père à propos de mes devoirs. Je voudrais une famille plus tard parce que j'aime les enfants.

Amitiés,

Paul

4b Écrivez à votre correspondant(e) et dites-lui que vous avez acheté un nouveau portable. Écrivez environ **90** mots en **français**. Répondez à chaque aspect de la question.

Suggested answer

Salut Emma,

Hier, j'ai acheté un nouveau smartphone! Il est super parce qu'il y a beaucoup d'applications. Avec mon ancien portable, il n'était pas possible d'avoir Internet. Chez moi, les portables ne causent pas de disputes parce que je suis raisonnable. Je passe seulement une heure par jour à utiliser mon portable. L'appareil de technologie que j'aimerais acheter, c'est une télé smart pour ma chambre. Malheureusement, c'est très cher. L'été prochain, je vais travailler et j'espère gagner assez d'argent pour pouvoir en acheter une.

Grosses bises,

Julie

Speaking

Foundation – Speaking (pp46–47)

1 Answers will vary.

2 Answers will vary.

3 Answers will vary.

4 Answers will vary.

Unit 3: Free-time activities

3.1 Music, cinema and TV

3.1 G Qu'est-ce que tu aimes faire? (pp48–49)

1 Match each person with the type of TV programme they like.

Robin f   Camille c   Salomé e   Lucas b   Margaux g
Chiara h   Jade a   Adrien d

2 Listen to four teenagers talking about what films they like and dislike. Copy and complete the grid.

	police	love	horror	war	comedies	cartoons
Mouna (example)	X				✓	✓
Léna		X	✓			
Asif				X		✓
Paul	✓	X			✓	

Transcript

— Bonjour à tous! Alors, Mouna, quelle sorte de films préfères-tu?

— J'adore les films comiques et je suis fan de films d'animation mais je déteste les films policiers.

— Et toi, Léna?

— J'adore regarder les films d'horreur, c'est génial - j'adore avoir peur! Mais je n'aime pas beaucoup les films d'amour, ils m'ennuient!

— Et toi, Asif?

— Moi je déteste les films de guerre mais j'adore regarder les films d'animation.

— Et toi, Paul, tu aimes aussi les films d'animation?

— Oui, oui, ça va mais je préfère les comédies et les films policiers. Par contre je n'aime pas du tout les films d'amour: c'est pour les filles!

— Merci à tous et bon cinéma!

3 Complete the sentences with the correct verb from the box.

1 choisissons   2 déteste   3 regardez
4 adorent, préférons   5 préfères

4 Read the text and complete the statements.

1 two   2 computers, phones   3 listening to music
4 14   5 classical

5 Answers will vary.

6 Answers will vary.

3.1 F Qu'est-ce que tu as fait ce weekend? (pp50–51)

1 Read about what the five young people did at the weekend. Who says what?

1 Charlotte   2 Alice   3 Thomas   4 André
5 Thomas   6 Nina

2a Fais correspondre les débuts de phrases avec les fins de phrases.

1 e   2 f   3 a   4 c   5 b   6 d

2b Translate the complete sentences from activity 2a into English.

1   I went shopping with my friends.
2   I listened to music on my MP3 player.
3   My friends and I had a picnic.
4   We went to the cinema to see a horror film.
5   I ate a hamburger at McDonald's.
6   We organised a big party at Margaux's.

3 Complete the email with the past participle of the verb in brackets.

1 retrouvé   2 joué   3 fait   4 écouté
5 choisi   6 regardé   7 mangé   8 lu

4 Listen to the discussion and choose the correct option to complete each statement.

1 reality TV   2 game show   3 no   4 her friends
5 a documentary   6 rap   7 shopping

Transcript

— Sophie, qu'est-ce que tu as regardé à la télé hier soir? Moi, j'ai regardé une émission de télé-réalité, mais c'était nul. Après, j'ai regardé un jeu télévisé qui s'appelle « Money box ». Ça, c'était vraiment génial et très marrant. Et toi?

— Moi, je n'ai pas regardé la télé parce que je suis sortie avec mes copines mais aussi parce que je trouve les programmes ennuyeux!

— Mais le weekend dernier, qu'est-ce que tu as regardé? Moi, j'ai regardé le journal de 20 heures parce qu'il est important de s'informer et après, j'ai regardé un documentaire sur les animaux d'Afrique. J'ai beaucoup aimé le documentaire, c'était très intéressant. Et toi, Sophie, qu'est-ce que tu as regardé le weekend dernier?

— Moi, la télé, ce n'est pas mon truc. Je n'ai rien regardé. Par contre, j'ai écouté de la musique rap sur mon ordi dans ma chambre. Après, j'ai fini de relire mon livre préféré, le dernier « Harry Potter ». Puis je suis allée en ville et j'ai fait un peu de shopping. J'adore ça!

5 Dans les phrases suivantes, les verbes sont-ils au présent ou au passé composé?

Present: 1, 4, 5, 7   Perfect: 2, 3, 6, 8

6 Translate the following passage into English.

Suggested answer

Television has influenced our leisure activities and still remains today the favourite leisure activity for teenagers. It informs us about news, sports, weather and is a way to enjoy yourself and relax. But for some years the computer has taken on a more and more important role. We use our computers to listen to music, watch films, work or communicate with friends. Young people also like going to the cinema, reading and going out with their friends, of course!

7 Answers will vary.

8 Answers will vary.

3.2 Food and eating out

3.2 G On parle de la nourriture (pp52–53)

1 Match the baskets with the shopping lists.

1 C   2 A   3 D   4 B

2 Look at Kevin's list and listen to what he has bought. What has he forgotten?

un poulet, du coca, du riz

Transcript

Bon, alors, j'ai acheté 1kg de pommes, du jambon, six œufs, des pâtes, une bouteille de limonade et un gâteau au chocolat ... euh, c'est tout? Mais j'ai oublié des choses! Oh non, je dois y retourner ... ça m'énerve!

3 Match the quantities and foods. There are several possibilities for some of the items.

1 b   2 c, d, e   3 c, e   4 c   5 g   6 a, g   7 f

4 Answers will vary.

5 Answers will vary.

6a Read the article in which Romain, Claire and Léo talk about food and meals.

1 Léo   2 Romain   3 Léo   4 Claire   5 Romain
6 Léo   7 Claire   8 Léo

6b Read the article again and find the French expressions in the text.

1   mon repas préféré, c'est
2   je ne prends pas de petit déjeuner
3   Normalement, on mange une soupe
4   je préfère boire de l'eau
5   Je bois toujours un verre de
6   c'est délicieux
7   J'adore manger des œufs

7 Answers will vary.

3.2 F Qu'est-ce que tu aimes manger? (pp54–55)

1a Lis les textes et choisis la bonne image pour chaque personne.

Mohamed 3   Carlotta 4   Mouna 1   Gwénaël 2

1b Read the texts again. Who says what?

1 Carlotta   2 Gwénaël   3 Gwénaël   4 Mohamed
5 Mouna   6 Mohamed   7 Mouna   8 Carlotta

2a Complète les phrases avec l'infinitif correct.

1 manger   2 faire   3 aller   4 acheter
5 préparer   6 apporter

2b Translate the sentences from activity 2a into English.

1   I am a vegetarian so I cannot eat meat.
2   Next weekend we are going to have a picnic with some friends.
3   I prefer to go to the seaside.
4   We must buy some bread for the sandwiches.
5   My mum loves to prepare Italian dishes.
6   I can bring some crisps for the party at Martin's.

3 Listen to the interview and decide if the statements are true (T), false (F) or not mentioned (NM).

1 T   2 NM   3 F   4 T   5 F   6 NM   7 NM   8 T

Transcript

— Nous allons demander quels sont les plats préférés de ces jeunes. Louis, qu'est-ce que tu aimes manger?

— J'adore manger des plats chinois, en particulier les nouilles aux champignons. Je pourrais en manger toutes les semaines. C'est trop bon!

— Et toi, Éric?

— Moi, je ne mange pas de viande parce que je suis végétarien depuis l'âge de douze ans. Mais mon plat favori, c'est le couscous aux légumes. J'en ai beaucoup mangé quand je suis allé en Tunisie l'année dernière.

— Lianne, tu es aussi végétarienne?

— Ah non. Moi, j'adore la viande mais j'en mange trop – ce n'est pas très bon pour la santé. Je dois manger plus de légumes!

— Oui, c'est vrai. Et toi, Magalie?

— Moi, j'adore les desserts – en particulier, les gâteaux au chocolat. Je pourrais en manger tous les jours!

— Merci à tous et bon appétit!

4 Read Ophélie's email and answer the questions in English.

1   It was her mother's birthday.
2   They waited half an hour.
3   He fell while carrying the drinks to their table.
4   It was overcooked and too hard to eat.
5   They were cold.
6   A lemon tart.
7   They didn't have any more left.
8   It was over €100.

5 Answers will vary.

3.3 Sport

3.3 G Tu fais du sport? (pp56–57)

1 Match two of the pictures (A–L) with each sentence.
1 K, D   2 B I,   3 J, E   4 F, C   5 A, L   6 G, H

2 Listen to what Amélie did last week. Write A–L to indicate what she did on each day of the week.
lundi I (a.m.), K (p.m.)

mardi H (a.m.), A (p.m.)

mercredi L (a.m. and p.m.)

jeudi C (a.m.), D (p.m.)

vendredi F (a.m.), G (p.m.)

samedi J (a.m. and p.m.)

dimanche –

Transcript

— La semaine dernière comme c'était la semaine du sport au centre de loisirs, j'ai fait des activités sportives tous les jours. C'était super, puisque j'adore le sport!

— Alors le lundi matin j'ai fait deux heures de volleyball et l'après-midi on a joué au hand.

— Le mardi matin comme on est allés au lac, on a fait de la plongée sous-marine et l'après-midi j'ai fait de la voile, c'était génial!

— Le mercredi j'ai fait de l'équitation toute la journée. Le jeudi matin j'ai fait deux heures de danse et l'après-midi j'ai fait deux heures de gymnastique, c'était cool.

— Le vendredi matin on a fait un tournoi de hockey sur glace et l'après-midi j'ai fait de la natation.

— Le samedi j'ai fait de l'athlétisme toute la journée ... par contre le dimanche je n'ai rien fait parce que j'étais vraiment fatiguée.

3 Read the sports centre timetable below and the speech bubbles for Léo, Karim and Anna. Which sports does each person do?
Leo: swimming, karate

Karim: water polo, athletics

Anna: modern dance, zumba

4 Answers will vary.

5 Match the sentence halves.
1 d   2 e   3 b   4 c   5 a

6 Answers will vary.

3.3 F Le sport, c'est ma passion! (pp58–59)

1a Lis les textes et relie les espressions (1–6) à leur équivalent en anglais (a–f).
1 c   2 e   3 b   4 d   5 f   6 a

1b Read the texts again and decide whether statements 1–9 are true (T), false (F) or not mentioned (NM).

1 NM 2 T 3 F 4 F 5 T 6 F 7 NM 8 T 9 T

2 Reread the sentences in italics in the texts. Translate them into English. There are nine in total.

1 when we went to Canada we saw the Toronto team play a match

2 If I can, next summer, I will go on a hockey course for a month

3 when we can, we go and see all the PSG matches

4 When I was six I wanted to become a professional footballer

5 I discovered horse riding when I was ten

6 when my grandparents bought me a pony

7 I love going for a ride with him in the country

8 when I went on holiday in the Alps I discovered rock climbing

9 When I am 18 I would like to climb Mont Blanc.

3a Listen to Caroline and choose the correct answer to complete each statement.

1 B 2 B 3 A 4 B 5 A

3b Réécoute et complète les phrases.

1 quand 2 parce que 3 Lorsque 4 parce qu' 5 Quand

Transcript

En général je ne suis pas très sportive mais j'ai découvert le volleyball il y a trois ans. J'ai commencé par le beach volley sur une plage quand je suis allée en vacances au bord de la mer.

Et en septembre quand je suis retourné au lycée il y avait un club de volley, donc j'ai décidé d'y aller avec ma copine. On a des entraînements tous les mardis soirs et des matchs tous les weekends.

Au début on était nulles et on n'a jamais gagné de matchs. Mais le weekend dernier on a fait un tournoi et on a fini premières, c'était génial.

J'aime ce sport parce que c'est un sport d'équipe.

J'adore jouer avec mes copines parce qu'on s'entend bien mais c'est aussi très physique. Je pense que c'est super de faire du sport parce qu'il est important de rester en forme et que c'est bon pour la santé!

L'été prochain lorsque j'irai en vacances, je ferai un stage de beach volley.

3c Translate the sentences (1–5) from activity 3b into English.

1 I started beach volleyball when I was on holiday.

2 I like this sport because it is a team sport.

3 When I go on holiday I will do a course.

4 I love playing with my friends because we get on well.

5 When I returned to school there was a volleyball club.

4 Answers will vary.

5 Answers will vary.

Grammar practice (pp60–61)

1 Choose the correct question (A or B) for each answer (1–6).

1 A 2 A 3 B 4 B 5 A 6 B

2 Correct the mistakes in the English translations.

(1 every day) 2 normally 3 every morning 4 often 5 from time to time 6 rarely

3 Complete each sentence with the correct word or expression from the grid in the Grammaire box below.

1 du, de la 2 au 3 de l' 4 à la 5 de la, au 6 de la, du 7 de la 8 de la, de l'

4 Complete the sentences with the correct form of *être*, then choose the correct past participle.

1 est allée 2 suis sortie 3 est allé 4 sont sortis 5 est allée 6 sommes allés 7 sont allées 8 êtes sorties

5 Rearrange the jumbled French sentences to match the English translations.

1 Je mange beaucoup de frites; j'en mange tous les jours.

2 Ma mère aime boire du thé; elle en boit le matin.

3 Tu manges des fruits? Oui, j'en mange deux portions par jour.

4 Des œufs? J'en mange souvent.

5 Du pain! Tu peux en acheter s'il te plaît?

6 Read the English sentences. Match the French sentence halves to translate the sentences into French.

1 b 2 c 3 a 4 f 5 d 6 e

Unit 4: Customs and festivals

4.1 France and customs

4.1 G On fait la fête! (pp64–65)

1a Match the celebrations (1–8) with the pictures (A–H).

1 F 2 B 3 G 4 A 5 D 6 H 7 E 8 C

1b Match each celebration with the correct definition.

1 g 2 e 3 a 4 f 5 b 6 c 7 h 8 d

2 Which celebration are these six teenagers talking about? Choose the correct celebration and picture from activity 1a.

1   La Saint-Valentin – D
2   Le 14 juillet / La fête nationale – F
3   Aïd – H
4   Pâques – B
5   La fête des Rois – C
6   Mardi gras – G

Transcript

1   J'adore cette fête parce que j'ai un petit copain qui s'appelle Tom et il me fait toujours un petit cadeau. Le quatorze février, c'est la tradition!

2   En France, tous les ans, on célèbre la Révolution et la prise de la Bastille. Le quatorze juillet, il y a un feu d'artifice et un défilé.

3   Moi, je suis musulman et cette fête de famille marque la fin du Ramadan. On célèbre cela avec toute la famille, on mange et on s'amuse.

4   J'adore le chocolat donc pour moi, cette fête est la plus importante parce qu'on cherche des œufs en chocolat dans les jardins. Mais c'est aussi une célébration religieuse.

5   Cette fête est le six janvier. On mange la Galette des Rois traditionnelle et si on a la fève, on devient le roi ou la reine pour la journée!

6   J'adore me déguiser donc, avec des copains, je participe toujours au carnaval de mon lycée. On défile dans les rues et on s'amuse beaucoup!

3 Answers will vary.

4 Read the article and answer the questions in English.

1   14th July
2   for the French national celebration / day
3   French Revolution
4   a military procession
5   it was boring
6   her father
7   fireworks and dancing in the street
8   10 p.m.

5 Complete the dialogue with the correct forms of *être*.

1 es 2 suis 3 est 4 êtes 5 est
6 sommes 7 sont 8 sont

6 Answers will vary.

4.1 F La fête chez nous (pp66–67)

1a Trouve les expressions françaises dans le texte.

1   on s'est vraiment bien amusés
2   nous nous sommes levés très tôt
3   nous sommes partis à la messe de minuit
4   nous nous sommes couchés à deux heures du matin
5   je me suis dépêchée
6   ce n'est pas un jour férié

1b Read the interview again. Are the statements 1–6 true (T), false (F) or not mentioned (NM)?

1 NM 2 T 3 F 4 F 5 F 6 NM

2 Put the words into the correct order, then translate the sentences into English.

1   Mon père s'est levé de bonne heure ce matin. *My dad got up early this morning.*

2   Nous nous sommes couchés à dix heures du soir. *We went to bed at 10 p.m.*

3   Ma sœur s'est bien amusée avec ses copines. *My sister really enjoyed herself with her friends.*

4   Quand on est rentrés, on s'est reposés pendant une heure. *When we got back, we had a rest for an hour.*

5   Mes copains se sont retrouvés devant le lycée. *My friends met in front of the school.*

6   Je me suis arrêtée de travailler à midi. *I stopped working at midday.*

3a Écoute quatre jeunes et choisis la bonne image (A–D).

1 B 2 D 3 C 4 A

3b Listen again and correct the statements.

1   Isa and her **brother** woke up very early last Sunday.

2   They prepared **breakfast** for their mum on Mother's Day.

3   Simon's cousin got up at **eight o'clock** on Easter Sunday.

4   They ate the traditional dish of **lamb** for Easter lunch.

5   Yesterday it was 1st **April**.

6   Audrey played a trick on her **friend Hugo**.

7   Karim ate a chocolate **pancake** when he came home from school.

8   **He and his sister** made pancakes.

Transcript

1, Isa   La fête des Mères est toujours en juin et je pense qu'il est important de penser à ses parents. Donc la semaine dernière, pour la fête des Mères, mon frère et moi, nous avons fait une surprise à maman. Le matin, on s'est réveillés de bonne heure, on a préparé un super petit déjeuner et on lui a apporté au lit. Elle était super contente! On lui a aussi donné des cadeaux bien sûr!

2, Simon   J'ai passé le dimanche de Pâques avec mes cousins qui habitent à Ajaccio en Corse. Mon petit cousin, qui a six ans, s'est levé à huit heures pour chercher les œufs en chocolat dans le jardin. On s'est bien amusés et le midi, on a mangé l'agneau traditionnel et beaucoup de chocolats bien sûr!

3, Audrey   Hier, c'était le premier avril et en France on fait des blagues. La blague traditionnelle est d'accrocher un poisson – en papier bien sûr – dans le dos des gens. C'est un peu stupide mais c'est rigolo! Hier, j'ai réussi à coller un poisson dans le dos de mon copain Hugo. Il s'est promené tout l'après-midi avec le poisson dans le dos – c'était marrant!

4, Karim   Hier, c'était la Chandeleur. Quand on est rentrés du lycée, ma sœur et moi, on a décidé de faire des crêpes. On a préparé la pâte et après, on a fait sauter les crêpes. Plusieurs crêpes sont tombées par terre mais on a bien rigolé! Ma crêpe préférée, c'est celle au chocolat. J'en ai trop mangé hier soir mais c'était délicieux – j'adore ça!

4   Answers will vary.

5   Answers will vary.

4.2 Francophone festivals

4.2 G Partout, c'est la fête! (pp68–69)

1   Read the posters and answer the questions in English.

1   nothing / it's free

2   10–15 July

3a   meet the artists / designers

3b   a discussion / discussion forum

4   in Bruges in Belgium

5   every evening at 7 p.m.

6   in the south-west of France

7   it is cancelled

2a   Choose the correct answer to complete each statement.

1 A   2 B   3 C   4 A   5 B   6 B

2b   Find the French for the following expressions in the text.

1   il y avait des affiches partout

2   On a décidé d'acheter des billets

3   on a ri toute la soirée

4   Il y avait quelques artistes français célèbres

5   un match de foot caritatif

6   Tout l'argent récolté était pour

3   Put the verb in brackets into the imperfect tense.

1 faisait   2 avait   3 avais   4 était   5 étais   6 avait

4   Listen to Camille, Tom, Mélanie and Lorenzo. Complete each statement.

1a weekend   1b four   2a Canada   2b boring   3a carnival 3b classmates   4a Christmas   4b (very) hot

Transcript

1, Camille   Le weekend dernier, c'était la fête du cinéma dans tous les cinémas de France. C'était génial parce que les billets étaient à quatre euros.

2, Tom   Quand on était en vacances au Canada, au mois de juin dernier, on est allés à la fête nationale du Québec.

> Le défilé était ennuyeux parce que c'était très long et en plus il faisait froid.
>
> 3, Mélanie   Je suis belge et tous les ans en février, je vais voir le carnaval de Bruxelles parce que c'est le plus important. L'année dernière, j'y suis allée avec des copains de ma classe.
>
> 4, Lorenzo   Il y a deux ans, pour Noël, on était en Martinique dans les Caraïbes. C'était le 25 décembre, il faisait très chaud et on a célébré Noël sur la plage – c'était assez incroyable!

5   Answers will vary.

6   Answers will vary.

4.2 F La fête pour tout le monde! (pp70–71)

1a   Lis le texte et mets les images A–G dans le bon ordre.

B, D, G, E, A, C, F

1b   Read the text again and answer the questions in English.

1   last June

2   by train

3   three hours

4   by tube / underground / metro

5   in a tent at the campsite

6   nice on the first day then rain

7   you put on wireless headphones and dance to what you hear

8   because he learnt a lot about AIDS

1c   Translate the text in italics into English.

Suggested translation

We saw a lot of groups but the funniest thing was the 'silent disco'! We put on wireless headphones and everybody was dancing in silence – everyone was listening to different music. It was quite strange / bizarre but funny! We went back by train and we slept throughout the journey because we were very tired but we were really happy.

2   Écoute et trouve les quatre phrases que tu entends dans le dialogue.

1, 2, 5, 7

Transcript

— Salomé, à quel festival veux-tu aller?

— Si on allait à Belfort voir les Eurokéennes? Il y a des groupes de rock géniaux cette année. Et toi, Robin?

— Moi, je préfère aller au festival Solidays parce qu'en plus de voir des groupes de musique, de danser et s'amuser, c'est un festival caritatif qui récolte des fonds et qui informe sur le SIDA. L'argent est utilisé pour la recherche et la prévention. Qu'en penses-tu, Margaux?

— Moi, je suis d'accord avec toi mais ma sœur et moi, on voulait y aller l'année dernière et il n'y avait plus de billets, donc il faut réserver très vite.

— Et le théâtre, vous aimez? Si on allait à Avignon?

— Non, c'est trop cher. Les billets coûtaient plus de cinquante euros! Tu as d'autres idées, Salomé?

— Si on allait à Monte-Carlo pour voir le festival du cirque? Quand j'avais 12 ans, j'allais à l'école du cirque et je faisais du jonglage – c'était génial! J'adorais aussi faire des acrobaties!

— Oui, j'y allais aussi mais moi, j'étais clown! Je pense que c'est une bonne idée. Et toi, Margaux?

— Oui, pourquoi pas? Mais il faut réserver, non?

3   Choose the correct imperfect-tense form to complete the sentences.

1 logeait   2 dansions, faisait   3 voulait, coûtaient
4 avais, allais

4   Answers will vary.

5   Answers will vary.

Grammar practice (pp72–73)

1   Complete Sophie's email by choosing the correct past participles.

1 allée   2 parties   3 arrivées   4 née   5 venue
6 restés   7 venues   8 partie   9 restée

2   Choose the correct form of *tout* to complete the sentences.

1 Tous, tous   2 Toute, toute   3 Tous, tout, Tous

3   Complete the sentences with the correct preposition from the box.

1 à, en   2 à, aux   3 à, en   4 à, au   5 à, aux

4 Choose the correct perfect- or imperfect-tense form to complete the sentences.

1 avais, je faisais

2 est allés, avait, C'était

3 allait, est allés, C'était

4 suis arrivée, faisait, me suis baignée

5 suis allé, j'ai pris, est arrivés

Test and revise: Units 3 and 4

Reading and listening

Foundation – Reading and listening (pp76–77)

1 Read what these teenagers like to do in their free time. Choose the correct person, Sacha (S), Alice (A) or Margaux (M).

1 A   2 M   3 S   4 M   5 M

2 Lisez le blog de Mohamed et répondez aux questions en **français**.

1   la Martinique
2   ses grands-parents
3   des poissons / des fruits de mer / du riz / des légumes
4   une salade de fruits (exotiques)
5   le gâteau au chocolat

3 Read the results of an online survey about the importance of celebrations. Write down the percentage of people who think that …

1: 10%   2: 6%   3: 32%   4: 15%

4 Translate the following passage into **English**.

> Suggested answer
>
> I like playing basketball and I train twice a week. Last year, when I went to Canada, I went / did rock climbing. It was a bit scary but very exciting. I would like to try body surfing next year. Sport is important for keeping fit / to keep fit.

5 Four French students are talking about what they like to eat. Write down what each person likes.

1 vegetables   2 chicken with chips   3 chocolate cakes
4 pancakes with cheese

Transcript

1   Je suis végétarienne donc j'adore manger des légumes.

2   Mon plat préféré c'est le poulet avec des frites.

3   J'aime bien manger des gâteaux au chocolat.

4   J'adore les crêpes au fromage.

6 Listen to five teenagers talking about their favourite television programmes. Choose the programme each person mentions and write down the correct letter.

1 B   2 A   3 D   4 F   5 E

Transcript

1   La télé, ce n'est pas vraiment mon truc, mais tous les soirs je regarde le journal de vingt heures avec mes parents.

2   Moi, je regarde beaucoup la télévision et en particulier les émissions de télé-réalité – j'adore ça.

3   Moi, je regarde beaucoup les jeux télévisés parce que je trouve ça très relaxant le soir après le collège.

4   J'adore la nature et les animaux donc je regarde beaucoup de films documentaires – ils sont passionnants.

5   Moi, je ne regarde pas souvent la télé. Mais pour me relaxer j'aime bien regarder des dessins animés – c'est marrant!

7 Écoutez ces quatre jeunes qui parlent de fêtes traditionnelles et des festivals. Pour une opinion négative, écrivez N. Pour une opinion positive, écrivez P. Pour une opinion positive et négative, écrivez P+N.

1 P   2 P+N   3 P+N   4 P

Transcript

1   Tous les ans, à Noël et à Pâques, nous nous retrouvons chez ma grand-mère et nous célébrons avec toute ma famille. Je pense qu'il est très important de se retrouver en famille.

2   Mes parents pensent que les fêtes sont très importantes dans une famille mais moi, je trouve qu'elles sont vraiment barbantes et que les repas sont très longs. Je m'ennuie!

3   Ça dépend … J'aime certaines fêtes comme Noël ou la fête des Mères parce qu'on a des cadeaux et qu'on passe du temps avec sa famille, mais les fêtes nationales comme le 14 juillet ou le Premier Mai, je trouve ça un peu ennuyeux.

4 Moi, ma fête préférée, c'est le premier avril parce que j'adore faire des blagues à mes copains – c'est vraiment marrant! J'aime aussi Pâques parce qu'on peut manger beaucoup de chocolat.

Writing and translation

Foundation – Writing and translation (pp78–79)

1 Vous écrivez un article sur un festival de musique. Qu'est-ce qu'il y a sur la photo? Écrivez **quatre** phrases en **français**.

> **Suggested answers**
> 1 Il y a cinq amis dans un camping.
> 2 Ils sont à un festival de musique.
> 3 Il fait beau et on porte des lunettes de soleil.
> 4 Ils sont tous très heureux.

2 Vous envoyez un mail à votre correspondant(e) français(e) pour décrire ce que vous faites le weekend. Écrivez environ **40** mots en **français**.

> **Suggested answer**
> Le weekend, je vais en ville avec mes copains et on va au cinéma. Le samedi soir, je regarde la télévision dans ma chambre ou je lis un roman. J'adore les émissions de télé-réalité. Je ne fais jamais de sport, c'est nul.

3a Translate the following sentences into **French**.
1 Je vais au cinéma.
2 Je regarde des films sur mon ordinateur.
3 Nous écoutons / On écoute de la musique dans ma chambre.
4 J'adore regarder les films d'action.
5 La semaine dernière j'ai joué au foot(ball).

3b Translate the following sentences into **French**.
1 J'aime la nourriture épicée.
2 Je préfère manger de la viande.
3 Je ne peux pas manger de porc.
4 Ce n'est pas très bon pour la santé.
5 On a / Nous avons mangé dans un restaurant italien.

4a Vous décrivez une fête de famille. Écrivez environ **90** mots en **français**. Répondez à chaque aspect de la question.

> **Suggested answer**
> Ma fête préférée, c'est Noël parce que j'adore avoir des cadeaux. Tous les ans, nous célébrons en famille chez ma tante. J'adore passer du temps avec mes petits cousins, on s'amuse bien ensemble. Par contre l'année dernière, on est restés chez nous pour Noël et mes cousins sont venus. Après le repas, on a ouvert nos cadeaux. Mes parents ont bu du champagne mais moi, j'ai bu du coca. On a passé une super journée. Cette année on va manger la dinde traditionnelle avec des légumes et en dessert ma grand-mère va faire une bûche au chocolat: c'est vraiment délicieux!

4b Vous décrivez un sport que vous aimez. Écrivez environ **90** mots en **français**. Répondez à chaque aspect de la question.

> **Suggested answer**
> Je suis très sportif et je pense que le sport est très bon pour la santé. J'aime tous les sports mais mon sport favori, c'est le basket. Toutes les semaines, je joue au basket dans un club. J'adore les sports d'équipe parce que j'aime retrouver mes copains. J'ai commencé le basket quand j'avais douze ans, quand je suis arrivé au lycée, et je m'entraîne deux fois par semaine, tous les mardis et vendredis soirs dans la salle de sports du collège. Après l'entraînement, je rentre, je mange et puis je me couche parce que je suis très fatigué. J'aimerais beaucoup faire de l'équitation parce que j'adore les chevaux.

Speaking

Foundation – Speaking (pp80–81)

1 Answers will vary.

2 Answers will vary.

3 Answers will vary.

4 Answers will vary.

5 Answers will vary.

Dictionary skills

Not in the dictionary? Oh yes it is! (p83)

1 For the following words, write **a** the singular word in English; **b** the singular word in French (you'll find it in the dictionary); **c** the French word in the plural (remember the plural 's'!).

1 a tooth b la dent c les dents

2 a leaf b la feuille c les feuilles

3 a man b l'homme (m) c les hommes

4 a child b l'enfant (m) c les enfants

2 Read the sentences and write the infinitive **a** in English and **b** in French.

1 a finish b finir 2 a lose b perdre
3 a do b faire 4 a see b voir

Unit 5: Home, town, neighbourhood and region

5.1 Home

5.1 G À la maison (pp84–85)

1 Match the items of furniture (1–7) with the pictures (A–G).

1 E 2 C 3 B 4 F 5 D 6 G 7 A

2 Read the texts. Find and translate the items of furniture, the colours and the materials to complete the table.

	furniture	colours	materials
2	un bureau (a desk), une bibliothèque (a bookcase), un lit (a bed), un canapé (a sofa)	vert (green), noire (black), blanc (white), violet (purple)	en plastique (plastic), en bois (wood), en velours (velvet)
3	un lit double (a double bed), une armoire (a wardrobe), une commode (a chest of drawers)	gris foncé (dark grey), bleue (blue), jaune (yellow)	en métal (metal), en bois (wood)

3 Choose words from the box to complete the sentences. Some sentences have two or three possible answers.

1 blanche / grise / rouge

2 (a) bleu / rouge (b) blanche / grise / rouge

3 (a) bleu / rouge (b) velours (c) verts

4 (a) bleu / rouge (b) bois

4 Write three sentences in French to describe the three bedrooms (1–3). Start the sentences *Dans ma chambre, j'ai …*

1 Dans ma chambre, j'ai un lit blanc en métal, une armoire bleue et un canapé rouge en velours.

2 Dans ma chambre, j'ai un bureau en bois, une fenêtre blanche et une étagère verte en métal.

3 Dans ma chambre, j'ai un fauteuil jaune en tissu, une bibliothèque rouge et un lit gris en métal.

5 Describe the bedroom. Use phrases from the language structure box to help you.

Suggested answer

Dans ma chambre j'ai un tapis bleu, un lit noir en bois et une chaise noire en bois. Il y a une commode blanche et une armoire blanche en bois. Aussi, j'ai deux étagères rouges et une fenêtre blanche. En plus, il y a un bureau en bois, mais je n'ai pas de télé et il n'y a pas de canapé.

6 Listen to four people saying what they do to help at home. Match the people (1–4) to the pictures (A–G).

1 D, E 2 B, C, G 3 A 4 F

Transcript

1 Asif, qu'est-ce que tu fais pour aider à la maison?
— Pour aider à la maison, je ne fais pas grand-chose. Quelquefois, je fais du jardinage et je lave la voiture.

2 Et toi Stéphanie? Tu fais des choses pour aider à la maison?
— Oui, mes parents travaillent très dur, donc j'aide beaucoup à la maison, je dois faire le ménage. Je fais surtout la vaisselle et la cuisine. Aussi, je range ma chambre.

> 3 Et toi Lucas? Qu'est-ce que tu fais, toi, pour aider à la maison?
>   — Je nettoie la salle de bains car c'est souvent très sale!
>
> 4 Et toi Océane?
>   — Ma maison est toujours propre donc je ne fais rien!

7 Answers will vary.

8 Answers will vary.

5.1 F Des maisons différentes (pp86–87)

1a Lis les textes et fais correspondre les trois personnes aux photos 1–3. Trouve au moins trois expressions dans le texte pour justifier chaque réponse.

Cédric 2 Michelle 3 Céline 1

1b Read the texts again. Who …?

1 Cédric   2 Michelle   3 Michelle   4 Céline
5 Michelle   6 Cédric   7 Céline   8 Cédric

2 Relis les textes (activité 1a). Continue les listes de mots-clés pour les sujets suivants.

1 À la maison: un appartement, un immeuble, un étage, la salle à manger, le salon, un chalet, en bois, la cheminée, la pièce, le bureau, le studio, la cave, le jardin

2 En ville: la capitale, la gare, les commerces, le quartier, un immeuble, les voisins, le village

3 Listen to four people talking about the advantages and disadvantages of where they live. Complete the sentences.

1 old, the shops   2 pretty village, July, August, tourists
3 biggest, attic, hot   4 spacious, modern

Transcript

1 Martin, où habites-tu?
  — J'habite dans un appartement en ville. Il est situé dans un vieux bâtiment, alors c'est assez sombre, surtout quand il n'y a pas de soleil. Mon appartement se trouve en ville et c'est pratique parce que c'est près des magasins.

2 Et Amélie, où est ta maison?
  — Ma maison mitoyenne se trouve dans un joli village. En juillet et août, il y a des touristes qui visitent cet endroit. Je pense qu'ils font toujours du bruit, surtout tard le soir et c'est

vraiment agaçant car, la plupart du temps, ça m'empêche de dormir.

3 Et toi, Noah, tu as ta propre chambre?
  — J'ai de la chance car ma chambre est la plus grande. Elle se trouve dans la mansarde, dans le grenier. Il n'y a qu'un inconvénient; comme ce n'est pas très bien isolé, il y fait trop chaud en été mais trop froid en hiver.

4 Et toi, Isabelle, parle-moi de ta maison.
  — Je viens de déménager dans un nouvel appartement spacieux et moderne. Il y a une grande baie vitrée qui rend toutes les pièces très lumineuses et de belles plantes sur le balcon.

4 Translate the following sentences into French.

1 Dans ma maison / Chez moi, il y a une cuisine moderne.

2 J'habite dans un grand appartement dans le centre-ville.

3 Nous avons un sous-sol et deux salles de bains.

4 Il n'y a que deux chambres dans ma nouvelle maison.

5 Rewrite the sentences using the negative phrases indicated in brackets.

1 Il n'y a pas de grand salon moderne.

2 On n'a plus de jardin tout autour de la maison.

3 Nous n'avons plus beaucoup de boutiques à proximité.

4 Les voisins ne font jamais de bruit.

5 Il n'y a pas de chaises en bois dans ma chambre.

6 Answers will vary.

7 Answers will vary.

5.2 Where I live

5.2 G Là où j'habite (pp88–89)

1 Read the sentences and match each one to a place on the map.

1 Lyon   2 Bordeaux   3 Lille   4 Brest   5 Clermont-Ferrand
6 Reims   7 Marseille   8 Pau

2 Answers will vary.

3 Listen to six people talking about where they live. Match each person (1–6) to a picture (A–F).

1 D   2 E   3 F   4 B   5 C   6 A

> **Transcript**
>
> 1   J'habite sur une colline, à la campagne, dans une grande maison.
>
> 2   Ma famille et moi vivons dans le centre-ville de Lyon. C'est quelquefois bruyant mais c'est toujours animé.
>
> 3   Ma sœur habite dans la banlieue de Marseille, dans un petit appartement.
>
> 4   Comme j'habite dans les Alpes, j'adore le ski.
>
> 5   Mes grands-parents vivent dans le sud, au bord de la mer.
>
> 6   Moi, je vis dans un joli petit village dans le centre de la France.

4a Complete the sentences with the correct form of the verb in brackets.

1 habitons   2 vit   3 vivez   4 habitent   5 vis   6 habite

4b Translate the sentences in activity 4a into English. Use the vocabulary box to help you.

1   We live by the sea, in a beautiful villa.
2   My brother lives in a flat in the countryside, near a big city.
3   Do you live in the Alps or the Pyrenees?
4   My grandparents live on a farm in a picturesque village.
5   I live in the centre of Paris with my parents.
6   My sister lives in an old manor (house) next to a lake near the Swiss border.

5 For each group of pictures, write one sentence in French to describe where each person lives. The subject is provided for you in English as a sentence starter.

1   Nous habitons dans le nord-ouest, dans une maison mitoyenne au centre-ville.
2   J'habite dans le nord-est, dans une ferme à la campagne.
3   Mes parents habitent dans le sud-ouest, dans un appartement au bord de la mer.

5.2 F Trouver ta ville jumelée idéale (pp90–91)

1a Lis le texte. Mets les images (1–8) dans le même ordre que dans le texte.

7, 8, 5, 4, 2, 6, 1, 3

1b Read the text again and complete the sentences in English. Write one word for each gap.

1 medium-sized, north-east   2 quiet, far from
3 historical, touristy, lively, tourists
4 prefers, shopping centre   5 the theatre
6 the river, fish, have fun

2 Listen to Noah giving a tour of his town. Decide whether his attitude towards the places (1–6) is positive (P), negative (N) or both (P+N).

1 P   2 P+N   3 P+N   4 N   5 P+N   6 P

> **Transcript**
>
> Aujourd'hui, je vous fais visiter ma belle ville.
>
> Sur la rue principale, ici, il y a des magasins de marques mais aussi artisanaux. Ces magasins sont ouverts assez tard le soir, ce qui est pratique quand on travaille mais ils sont assez chers.
>
> Un peu plus haut, derrière le cinéma, on a un centre sportif. Cet endroit est mon préféré car il est moderne et gratuit pour les étudiants.
>
> Près de l'église, sur la place du marché, il y a la cathédrale qui attire beaucoup de visiteurs mais elle est très vieille et coûte trop cher à la ville.
>
> Nous avons aussi le centre commercial mais je trouve que ce centre est trop petit et qu'il n'y a pas beaucoup de choix.
>
> En dehors du centre-ville, un peu plus loin, à 5 minutes, il y a une usine de voitures. Elle n'est pas jolie mais elle apporte du travail aux habitants de ma ville.
>
> Finalement, cette piscine, ici, est vraiment géniale car elle est grande et peu chère.

3 Complete the sentences with the correct demonstrative adjective.

1 Cette   2 Ce   3 Ce   4 Ces   5 Cet   6 Ces   7 Cet   8 Cette

4 Translate the following into French.

1   J'adore le centre sportif dans ma ville.
2   Cette ville est située / est / se trouve dans le sud-ouest de la France, au bord d' / à côté d' / près d'un lac.
3   J'habite / Je vis dans un quartier assez calme / tranquille / Mon quartier est assez calme / tranquille mais quelquefois / parfois, ça peut être / c'est bruyant.

5 Answers will vary.

6 Answers will vary.

Grammar practice (pp92–93)

1 Make the following nouns plural. Use *des* as the plural article.

1 des étages   2 des cuisines   3 des jeux   4 des châteaux
5 des chevaux   6 des étagères   7 des bijoux   8 des mois
9 des gâteaux   10 des pièces

2 Complete the short paragraphs with either *c'est* or *il y a*.

1 a): Il y a b): c'est c): Il y a   2 a): il y a b): c'est c): C'est
3 a): Il y a b): C'est

3 Complete the sentences with the correct partitive article.

1 des, des   2 de la, du   3 de la   4 de l'   5 des   6 de la

4a Read each sentence and look at the map. Decide which place in town is being described. Choose your answers from the box.

1 la boucherie   2 la boulangerie   3 la bibliothèque
4 le commissariat   5 l'hôtel de ville

4b Use the map to complete the sentences with the correct prepositions. Look up any words you do not know.

1 en face de   2 au coin de   3 entre   4 dans
5 à gauche de   6 loin de

Unit 6: Social issues

6.1 Charity and voluntary work

6.1 G Les associations caritatives (pp96–97)

1 Match each charity (A–E) with the correct description (1–5).

1 D   2 B   3 A   4 C

2a Read the texts and translate the following phrases into English. Think about the context and use a dictionary / glossary if necessary.

1 a charity which fights   2 hunger and poverty
3 this charity wants to help   4 free food
5 to help ill people   6 to organise campaigns

2b Read the texts again and choose the correct words to complete each sentence.

1 hunger   2 comedian   3 1985   4 food   5 1994
6 develop research   7 screening tests

3 Listen to three people talking about how they help their communities. Choose the five sentences that are true.

1, 3, 6, 7, 8

Transcript

1 Je m'appelle Alaric et tous les samedis je suis bénévole dans un magasin de l'Armée du Salut. C'est une association importante qui combat principalement la pauvreté et l'exclusion et tout le monde, un jour, sera peut-être dans le besoin.

2 Je m'appelle Carole et parce que je n'ai pas le temps d'être bénévole dans une association, je donne régulièrement de l'argent. Tous les mois, je donne dix euros à La Croix-Rouge française. Il y a toujours des catastrophes et des guerres dans le monde et il est important d'assister les victimes.

3 Je m'appelle Romuald et je suis étudiant. Je n'ai pas beaucoup d'argent alors pour aider la communauté, une fois tous les trois mois, je donne mon sang. Les hôpitaux ont toujours besoin de sang et je veux aider les gens.

4 Re-order the sentences so they make sense. Then translate them into English.

1 Les associations caritatives veulent aider les gens pauvres. *Charities want to help poor people.*

2 Mes amis veulent donner de l'argent à des associations caritatives. *My friends want to give money to charities.*

3 Je veux faire la différence. *I want to make a difference.*

4 Ma sœur veut donner ses vieux vêtements à une association. *My sister wants to give her old clothes to a charity.*

5 Est-ce que tu veux travailler pour une association? *Do you want to work for a charity?*

6 Sidaction veut lutter contre le SIDA. *Sidaction wants to fight AIDS.*

5 Answers will vary.

6 Answers will vary.

6.1 F Mon travail bénévole (pp98–99)

1a Lis le texte. Fais correspondre les images (1–4) à Julie ou Louis.

1 Louis   2 Julie   3 Louis   4 Julie

1b Relis le texte. Qui dit quoi: Julie ou Louis?

1 Julie   2 Louis   3 Louis   4 Julie   5 Julie   6 Louis

2 Complete the sentences with the correct conditional form of *vouloir* or *aimer* as indicated in brackets.

1 voudrait   2 aimerait   3 aimerions   4 voudraient
5 voudriez   6 aimerais

3a Écoute une infirmière parler de son travail caritatif en Afrique de l'ouest. Décide si les phrases (1–8) sont vraies (V) ou fausses (F).

1 V   2 F   3 V   4 F   5 F   6 F   7 V   8 V

3b Réécoute Marie Caillot et corrige les phrases fausses de l'activité 3a.

2   Elle travaille principalement **dans le monde / à l'étranger**.

4   Il y a **six** mois, elle est allée en Afrique.

5   Elle a voyagé en Afrique **occidentale**.

6   Marie a soigné des gens atteints du virus **de l'Ébola**.

Transcript

Je m'appelle Marie Caillot, je suis infirmière bénévole pour l'association Médecins Sans Frontières depuis huit ans. Je voyage dans le monde entier pour apporter de l'aide médicale aux pays les plus pauvres.

Il y a six mois, j'ai dû voyager en Afrique occidentale pendant trois mois. J'ai soigné des gens atteints du virus de l'Ébola en distribuant des médicaments, en faisant des piqûres et en donnant de l'eau potable. C'était une crise très difficile car le virus s'est propagé rapidement. J'ai aussi offert des conseils de préventions aux habitants des villages touchés par l'Ébola pour les aider à survivre et améliorer leur qualité de vie.

Même si c'est un travail parfois triste et dur, en apportant de l'aide aux pays dans le besoin, je sais que l'association Médecins Sans Frontières change des centaines de vies. Je voudrais continuer mon travail bénévole et j'aimerais que tout le monde réalise l'importance de cette association.

4 Translate the sentences into French.

1   Je voudrais / J'aimerais faire plus de travail caritatif.

2   J'aimerais / Je voudrais aider ma communauté en donnant des vêtements aux associations.

3   Je travaille dans une association deux jours par semaine.

4   En donnant de [en donnant de mon temps] mon temps, j'aide beaucoup de personnes.

5 Answers will vary.

6 Écris un article sur 'Comment faire la différence dans ta communauté'. Décris le travail bénévole que tu fais. Tu peux inventer!

Suggested answers

A   Je m'appelle Thomas Bigart et je suis bénévole pour l'association Emmaüs. Je travaille tous les weekends depuis trois ans. Normalement, je fais les lits et je lave les draps.

B   Je m'appelle Karim Bensaid et je suis bénévole pour l'association Le Secours populaire. Je travaille pendant les vacances scolaires depuis un an. Normalement, j'accompagne le camion-soupe dans les rues de Lyon et j'aide à distribuer la soupe.

6.2 Healthy and unhealthy living

6.2 G Un régime alimentaire équilibré? (pp100–101)

1 Match each food type (1–6) to the correct picture (A–F).

1 C   2 E   3 D   4 A   5 F   6 B

2a Listen to Amélie and Guillaume talking about what they eat. Decide whether their diets are healthy (H) or unhealthy (U).

Amélie H   Guillaume U

2b Listen again and list all the items of food and drink that you hear. Then translate them into English.

Amélie: du lait (*milk*), des céréales (*cereals*), jus d'orange (*orange juice*), de la viande (*meat*), des fruits (*fruits*), des légumes (*vegetables*), des sucreries (*sweet treats*), des gâteaux (*cakes*)

Guillaume: des produits laitiers (*dairy products*), du lait (*milk*), des fruits (*fruits*), des légumes (*vegetables*), des frites (*chips / fries*), des sucreries (*sweet treats*)

Transcript

Amélie   Je m'appelle Amélie. J'ai un régime alimentaire équilibré car je sais qu'il faut manger de tout avec modération. Pour le petit déjeuner, je prends du lait et des céréales et parce que c'est nécessaire pour la vitamine C, je bois un verre de jus d'orange. Je mange aussi de la viande, des fruits, et je dois aussi manger des légumes. Malheureusement, je suis diabétique alors je ne peux pas manger de sucreries comme les gâteaux.

Guillaume   Moi, c'est Guillaume. Je dois manger plus de produits laitiers car ça fortifie les os mais je n'aime pas le lait. J'essaie de manger des fruits et des légumes régulièrement parce qu'il faut en manger au moins cinq portions par jour mais je dois dire que je préfère les frites. Dans l'ensemble, je pense que je dois améliorer mon régime alimentaire et manger moins de sucreries.

3a Read Antoine's description of his diet and decide whether the statements (1–6) are true (T) or false (F).

1 T 2 F 3 F 4 T 5 T 6 F

3b Read the text again and complete the sentences, writing one word for each gap.

1 likes 2 animals, vegetarian 3 fruit, vegetables
4 dairy products 5 healthy 6 sugary drinks

4 Fill in the gaps with the correct form of *devoir* or *pouvoir* as indicated in brackets. Then underline the infinitive verb.

1 doit, boire 2 peut, manger 3 dois, boire
4 doivent, faire 5 peux, boire 6 dois, manger

5 Answers will vary.

6 Answers will vary.

6.2 F Mon mode de vie avant et maintenant (pp102–103)

1a Read Magali's account of her current and old health habits. Put the following phrases in the order in which they appear in the text. Then translate the sentences in italics into English.

4, 6, 2, 5, 1, 3

when I was 10, I did lots of exercise.

I went to the swimming pool or I did an hour of training with my swimming team.

I had more time to relax.

I could read books and listen to music.

1b Relis le texte et réponds aux questions en français. Écris des phrases complètes.

1   Aujourd'hui, elle fait du jogging tous les matins.

2   Il y a six ans, elle était trop jeune pour boire de l'alcool.

3   Aujourd'hui, elle boit pour se sentir plus à l'aise et avoir confiance en elle et elle fume pour faire plus adulte et être plus sociable.

4   Elle ne prend pas de drogue car elle a peur de devenir accro.

5   Il y a six ans, elle se détendait en lisant des livres et en écoutant de la musique.

6   Aujourd'hui, elle est stressée car elle a trop de travail scolaire et de préparation aux examens.

2a Listen to Sylvain talking about his lifestyle today and Annabelle talking about her lifestyle when she was eight. Match each topic (1–4) with Sylvain, Annabelle or both.

1 both 2 both 3 Sylvain 4 Annabelle

2b Réécoute et décide qui dit quoi (Sylvain ou Annabelle).

1 Sylvain 2 Annabelle 3 Sylvain 4 Annabelle 5 Sylvain
6 Sylvain

Transcript

Sylvain   Je m'appelle Sylvain et je suis élève de seconde dans un lycée de Mantes-la-Jolie. Ma passion, c'est l'athlétisme. J'en fais tous les jours après les cours avec l'équipe du lycée donc je ne suis pas inactif, au contraire je suis très courageux! Ça me permet de rester en forme et d'améliorer mon endurance.

En plus, je perds du poids plus facilement. Par conséquent, je ne fume pas du tout car ce serait très mauvais pour ma respiration et je déteste l'odeur du tabac. Par contre, mes amis fument de temps en temps même s'ils savent que c'est dangereux pour les poumons.

Je bois un peu d'alcool quand je suis avec mes copains. Généralement, c'est pour être plus sociable et plus bavard. Mais je sais que l'alcool est une drogue et qu'on peut devenir dépendant. En plus, c'est dangereux pour la santé.

Au lycée, j'ai beaucoup de devoirs mais je suis chanceux car l'athlétisme m'aide à me relaxer après une longue journée.

Annabelle   Je m'appelle Annabelle et quand j'étais plus jeune, je pense que mon mode de vie était assez sain. Je faisais du sport régulièrement, à l'école et dans des clubs après l'école. Mon club préféré, c'était la gymnastique car c'était amusant mais aussi une très bonne activité physique. Comme j'étais à l'école primaire, je n'avais pas beaucoup de devoirs et j'avais toujours du temps pour me relaxer. Par contre, je ne faisais pas attention à ce que je mangeais et j'avais un régime alimentaire très malsain. Je n'avais pas la motivation pour mieux manger.

3   Complete the sentences with the correct imperfect-tense form of the verb in brackets.

1 faisais   2 était   3 avait   4 étaient   5 avions
6 étais, faisais

4   Answers will vary.

5   Answers will vary.

Grammar practice (pp104–105)

1   Complete the sentences using one of the indefinite pronouns below. Use each one once.

1 quelque chose   2 Personne   3 quelqu'un
4 Tout le monde

2   Complete the sentences with *il faut* or *il ne faut pas*.

1 Il faut   2 Il faut   3 Il ne faut pas   4 Il faut
5 Il ne faut pas   6 Il faut

3   Choose a verb from the box and use the present participle of the verb to complete the sentences.

1 travaillant   2 distribuant   3 faisant   4 achetant
5 utilisant

4   Fill in the gaps with the correct expression of quantity, so that each sentence matches its English translation. Remember to include *de* if it is needed.

1 trop d'   2 plusieurs   3 moins   4 beaucoup de
5 pas mal de

5   Choose the correct form of *avoir* or *être* to complete the pluperfect-tense sentences.

1 avais   2 étions   3 avait   4 étais   5 avaient

Test and revise: Units 5 and 6

Reading and listening

Foundation – Reading and listening (pp108–109)

1   Read the descriptions that Odile, Marine, Fabienne and Hugo have written about where they live. Write P for a positive opinion, N for a negative opinion, or P+N for a positive and negative opinion.

1 P+N   2 P   3 P+N   4 N

2   Un journal vient de publier les résultats d'une recherche sur les associations caritatives en France. Lisez le résumé des résultats et écrivez un nombre pour chaque phrase.

1: 67%   2: 150   3: 31%   4: 46%   5: 5%   6: 5 000

3   Translate the following passage into **English**.

Suggested answer

I live in a flat / apartment in the city centre. Last weekend I went to the shopping centre / mall with my (girl) friends to go shopping, but next Sunday we are going to take the bus / go on the bus to go bowling / to the bowling alley. It is going to be fun.

4   Listen to three French teenagers describing their homes. For each teenager, note down in **English** an advantage and a disadvantage of the room they are describing.

1 comfortable / too small   2 a lot of space / very hot
3 big / old

Transcript

1   Mon salon est confortable mais trop petit.

2   Il y a beaucoup de place dans ma cuisine mais il y fait très chaud.

3   Ma salle de bains est grande. Par contre, elle est vieille.

5 Listen to four French students talking about their lifestyles. Choose the health aspect that each speaker describes and write down the correct letter.

1 F 2 D 3 B 4 G

Transcript

1 Quelquefois avec mes parents je bois de la bière et du cidre. Mes copains, par contre, pour être plus sociables, boivent beaucoup quand ils vont à des fêtes.

2 Le sport est très important pour rester en forme. J'en fais tous les jours au collège et le weekend dans un club.

3 C'est très cher et je déteste l'odeur. La meilleure chose à faire, c'est de ne jamais commencer à fumer!

4 Les cours sont vraiment difficiles et j'ai beaucoup trop de devoirs et de contrôles à préparer. Je suis souvent très stressé.

6 Écoutez Stéphanie qui parle du travail bénévole qu'elle a fait pendant son stage en entreprise. Choisissez **quatre** phrases qui sont vraies et écrivez les bonnes lettres.

A, D, G, H

Transcript

L'année dernière, j'ai fait un stage en entreprise dans une association caritative qui s'occupe des personnes pauvres. Pendant une semaine, j'ai fait des colis alimentaires que j'ai distribués aux gens qui n'ont pas assez d'argent pour acheter de la nourriture. J'ai aussi servi des repas chauds chaque soir et j'ai discuté avec des sans-abris. Même si c'était une expérience difficile, j'ai aimé m'occuper des autres et j'aimerais être bénévole dans cette association tous les weekends.

Writing and translation

Foundation – Writing and translation (pp110–111)

1 Vous écrivez une comparaison entre les jeunes en France et en Grande-Bretagne. Qu'est-ce qu'il y a sur la photo? Écrivez **quatre** phrases en **français**.

Suggested answers

1 Sur la photo, il y a trois filles.

2 Elles font la fête.

3 Une fille porte une robe verte.

4 Elles prennent une photo / un selfie.

2 Vous écrivez à votre correspondant français pour lui décrire l'endroit où vous habitez. Écrivez environ **40** mots en **français**.

Suggested answer

J'habite dans une petite maison. Il y a une cuisine, un salon, une salle à manger et deux chambres. Mon jardin est assez grand avec une pelouse et des fleurs. Dans ma ville, il y a des restaurants et beaucoup à faire. Ma région est au bord de la mer.

3a Translate the following sentences into **French**.

1 Ma maison est à la campagne.

2 J'ai un grand jardin.

3 Hier soir / La nuit dernière j'ai lu dans ma chambre.

4 Dans ma région, il y a beaucoup de choses à faire.

5 J'aime faire du shopping en ville.

3b Translate the following sentences into **French**.

1 Je ne bois jamais d'alcool.

2 Boire est dangereux pour la santé.

3 Il est facile de devenir dépendant / accro à l'alcool.

4 J'ai bu de la bière hier.

5 Quelquefois, je bois avec mes amis.

4a Vous écrivez une description de votre régime alimentaire. Écrivez environ **90** mots en **français**. Répondez à chaque aspect de la question.

Suggested answer

Normalement, je mange beaucoup de fruits car c'est bon pour la santé. Par contre, je n'aime pas les légumes car je trouve qu'ils sont sans goût. Mais j'en mange quand même car il faut manger cinq portions de fruits et légumes chaque jour. J'évite les boissons sucrées car c'est mauvais pour les dents et je bois au moins deux litres d'eau par jour car il est important de rester hydraté. Hier, j'ai mangé du poulet et des frites pour le dîner et un fruit comme dessert. C'était un repas assez sain. À l'avenir, je vais éviter le fast-food car c'est trop gras.

4b Vous écrivez une description de votre travail bénévole. Écrivez environ **90** mots en **français**. Répondez à chaque aspect de la question.

Suggested answer

Je travaille comme bénévole dans une association qui s'appelle 'l'Armée du Salut'. C'est une association qui aide les gens pauvres en donnant de la nourriture et un lit pour la nuit. J'y travaille le samedi de 10h à 14h et l'après-midi pendant les vacances. La semaine dernière, j'ai servi les repas chauds du midi et j'ai fait les lits pour le soir. J'ai aussi discuté avec des sans-abris. J'aimerais continuer à être bénévole dans cette association car j'aime aider les autres. Cependant, avec me études, il est parfois difficile de tout combiner.

Speaking

Foundation – Speaking (pp112–113)

1   Answers will vary.

2   Answers will vary.

3   Answers will vary.

4   Answers will vary.

Unit 7: Global issues

7.1 Environment

7.1 G Ma ville, mon environnement (pp114–115)

1   Match the French words with the English translations.
1 e   2 f   3 b   4 c   5 d   6 a

2   Listen to seven people talking about environmental issues. Complete the sentences in English.
1 traffic   2 glass   3 dustbins   4 pollution   5 bus
6 electricity   7 shower

Transcript

1   Il y a beaucoup de circulation en ville.

2   On doit recycler le verre.

3   Il faut plus de poubelles au centre-ville.

4   Les usines causent beaucoup de pollution dans ma région.

5   On doit essayer de prendre le bus plus souvent.

6   On peut économiser l'électricité chaque jour.

7   On devrait prendre une douche plutôt qu'un bain pour économiser de l'eau.

3   Read what Nicole says about her town. Find the French for the English terms.
1 (la) circulation   2 entre   3 les transports en commun
4 pas assez de poubelles   5 (les) centres de recyclage
6 (le) verre   7 on doit   8 économiser   9 (l') eau
10 (l') électricité

4a   Complete the sentences with the correct form of the verb in brackets. Then translate the sentences into English.

1   On **peut** aller au centre de recyclage. *You can go to the recycling centre.*

2   Vous **pouvez** recycler les journaux. *You can recycle newspapers.*

3   On **doit** prendre une douche au lieu d'un bain. *You must have a shower instead of a bath.*

4   Nous **devons** aller partout en bus. *We must go everywhere by bus.*

4b   Match the issues with the possible solutions.
1 b   2 a   3 d   4 c

5   Answers will vary.

6   Answers will vary.

7.1 F Les problèmes de l'environnement (pp116–117)

1a   Read the article and choose the correct English heading (1–5) for each paragraph (A–E).
1 E   2 D   3 A   4 C   5 B

1b   Relis l'article et trouve l'équivalent en français pour les expressions en anglais.
1 les déchets   2 les clients   3 disparaître   4 un manque
5 la Terre   6 à l'avenir   7 les camions
8 les embouteillages   9 fondre   10 le niveau

2   Écoute les quatre personnes qui parlent des problèmes de l'environnement. Choisis la solution à chaque problème et écris la bonne lettre A–D.
1 B   2 C   3 D   4 A

Transcript

1   Pour moi, le pire, c'est la pollution causée par les camions qui roulent beaucoup, pas seulement sur les autoroutes mais aussi en ville. C'est scandaleux.

2   Selon moi, il faut faire face aux problèmes environnementaux. De plus en plus d'arbres sont en voie de disparition et c'est très grave.

3 À mon avis, le problème le plus sérieux, c'est le changement climatique. Si on ne fait rien, on risque de faire monter le niveau de l'eau dans le monde et il y aura plus d'inondations.

4 J'ai des copains qui jettent les boîtes et les bouteilles dans la poubelle toutes les semaines. Je leur ai conseillé de ne pas faire ça, mais ils n'y font pas attention.

3 Listen to Amadou talking about environmental issues in Louga (in Senegal, West Africa). Write down the letters of the three correct sentences.

2, 4 and 6

Transcript

Salut. Je m'appelle Amadou et j'habite à Louga, au Sénégal. Ici les problèmes de l'environnement sont différents. Le climat est chaud et sec et on aimerait avoir un peu plus de pluie car il pleut rarement, donc on n'a pas peur des inondations! Pourtant, on n'a pas assez d'eau à boire.

Il n'y a pas beaucoup de circulation en ville mais les voitures polluent plus car elles sont très anciennes. De plus, on doit recycler plus de verre et de plastique parce que cela permet d'économiser d'importantes ressources.

4 Put the verbs in brackets into the correct form of the present tense. Then translate the sentences into English.

1 recycle, peut; *If we recycle more bottles, we can save more glass.*

2 prenez, utilisez; *If you take a shower, you use less water.*

3 va, peut; *If we / people go everywhere by bus, we / they can reduce pollution.*

4 protège, détruit; *If we protect the forests, we don't destroy animals' habitats.*

5 fait, peut; *If everyone makes an effort, we can save the Earth.*

5 Travail à deux. À tour de rôle, complétez les phrases.

Suggested answer

1 éliminer la pollution en ville

2 réduire le réchauffement

3 sauver la Terre

4 aider les animaux

6 Answers will vary.

7.2 Poverty and homelessness

7.2 G Des problèmes sociaux (pp118–119)

1 Match the French and English words.

1 b 2 f 3 d 4 e 5 a 6 c

2 Read what Marcel says about poverty and homelessness. Find the French for the English phrases.

1 malheureusement 2 ils n'ont pas de maison
3 ils sont au chômage 4 pas assez d'argent
5 des pièces de monnaie 6 très triste

3 Listen to four French people talking about solutions to homelessness and poverty. Match each speaker to the correct English sentence.

1 C 2 B 3 D 4 A

Transcript

1 Donnez plus d'argent aux gens qui dorment dans les rues!

2 Construisez plus de maisons qui ne sont pas trop chères!

3 Essayez d'offrir plus d'emplois!

4 Écrivez aux ministères et au Parlement!

4 Match the imperatives (1–4) to the solutions (a–d).

1 b 2 a 3 d 4 c

5 Put the following verbs into the *vous* form of the imperative.

1 Aidez 2 Encouragez 3 Écrivez 4 Faites

6 Answers will vary.

7 Answers will vary.

7.2 F Les inégalités (pp120–121)

1a Lis le texte et trouve l'équivalent en français pour les expressions en anglais.

1 trouver 2 son emploi 3 chaque jour 4 espoir
5 du savon 6 un volontaire 7 distribuer 8 fier

1b Relis le texte et décide si c'est vrai (V), faux (F) ou pas mentionné (PM).

1 F 2 F 3 PM 4 V 5 F 6 V 7 F 8 V 9 V 10 PM

2a Listen to Luc and Aline talking about social issues. Choose the correct answer to complete each sentence.

1 B   2 C   3 A   4 A   5 B

2b Listen again. Who says what? Choose Aline or Luc.

1 Luc   2 Aline   3 Aline   4 Luc

Transcript

— Je m'inquiète du nombre de jeunes dans la rue en ville. La vie est si dure pour eux car ils n'ont pas de travail, alors je leur donne toujours de l'argent quand je suis en ville.

— D'accord, mais il est bien possible de faire un peu plus. La semaine dernière je suis allée à une organisation caritative au centre-ville avec des vêtements, des livres, des boîtes de nourriture et des couvertures.

— Ça, c'est une bonne idée. Je vais y aller demain parce que nous avons chez nous beaucoup de vêtements que nous ne voulons plus et je peux les offrir à l'organisation.

— Excellent. Moi je vais parler à tous mes autres copains car je suis certaine qu'on pourrait trouver plein de choses à faire ensemble pour aider les SDF.

3 Put the verb in brackets into the correct form of *pouvoir*. Then rewrite the sentences using *Il est possible de …*

1 peux; Il est possible de donner de l'argent à une organisation caritative.

2 peut; Il est possible d'être volontaire.

3 pouvons; Il est possible d'aider les pauvres.

4 peuvent; Il est possible d'essayer de créer des emplois.

4 Fais correspondre les expressions françaises (1–4) à leurs équivalents en anglais.

1 d   2 a   3 c   4 b

5 Answers will vary.

6 Answers will vary.

Grammar practice (pp122–123)

1 Choose the conditional form of the verb, then translate the sentences.

1 pourrait; *One might / could save water.*

2 devrait; *One should use public transport.*

3 voudrais; *I'd like to recycle more glass.*

4 devraient; *My parents should recycle newspapers.*

2 Complete the sentences with the correct imperative *tu* form of the verb.

1 Recycle   2 Prends   3 Donne   4 Déplace-toi
5 Sauve   6 Arrête

3 Put the first verb into the correct form of the present tense. Then choose the correct future-tense form of the second verb.

1 vais, réduira   2 donne, aidera   3 utilisez, aura
4 faisons, pourra

4 Match the sentences.

1 b   2 d   3 a   4 c

Unit 8: Travel and tourism

8.1 Holidays and travel

8.1 G On part en vacances! (pp126–127)

1 Read the leaflet about Nice and complete the sentences. Write one word in each gap.

1 beaches   2 sporting   3 skiing   4 on foot, by coach

2 Listen to Marc talking about where he lives. Decide whether the statements are true (T) or false (F).

1 T   2 F   3 F   4 T   5 T

Transcript

Moi, je m'appelle Marc et j'habite à Dakar, la capitale du Sénégal. En ville on peut visiter le Musée d'art africain ou aller au marché acheter des fleurs, des fruits et des légumes. La nourriture traditionnelle sénégalaise est composée de poissons et de fruits de mer et c'est délicieux. Il y a beaucoup de plages où on peut aller à la pêche, bronzer ou faire de la planche à voile. Pour se déplacer en ville il y a des bus fréquents, ou on peut louer un vélo.

3 Answers will vary.

4 Read how the following people prefer to travel. Choose the correct picture for each statement.

1 C   2 D   3 B   4 A   5 F   6 E

5 Choose the correct preposition for each sentence.

1 en   2 en   3 en   4 aux   5 à   6 au

6 Read what Sophie says about her town. List the places she mentions under four headings: Tourist attractions, Town centre, For young people, Not in the town.

Tourist attractions: (old) castle, church

Town centre: shops, supermarkets, restaurants, cafés, rugby stadium

For young people: cinema, bowling alley, (open air) swimming pool

Not in the town: ice rink, library

7 Answers will vary.

8 Answers will vary.

8.1 F Moi, je préfère …
(pp128–129)

1 Fais correspondre les phrases 1–6 aux images A–F.
1 F 2 D 3 C 4 E 5 B 6 A

2 Lis les trois textes. Qui est-ce? Écris A (Aline), L (Louise) ou S (Sophie).
1 L 2 S 3 S 4 L 5 A 6 S

3 Fill in the gaps with an appropriate sequencing word or phrase. Then translate the sentences into English.

1 puis / ensuite / après; *I watched a film, (then) I went to the swimming pool.*

2 Plus tard; *In the morning I went shopping. (Later on), I went to the café.*

3 D'abord; *(First) I sunbathed on the beach, next I played volleyball.*

4 Finalement / Enfin; *I spent time in town, then I went to the café. (Finally) I went home.*

4 Listen to Éric talking about his holidays. Select the four correct sentences.
2, 4, 6, 8

Transcript

Salut! Je m'appelle Éric. Je vais depuis quatre ans chaque été en Allemagne avec ma famille. On loge toujours chez ma tante qui habite dans un petit village. Normalement, on y va en voiture mais cette année, on va prendre l'avion car c'est plus rapide. J'aime bien passer du temps là-bas parce que c'est tranquille, mais c'est un peu ennuyeux, surtout le soir.

Pour mes vacances de rêve je voudrais aller en Australie. Je voudrais voir des animaux sauvages et j'aimerais y aller avec mes copains – c'est plus amusant.

5 Answers will vary.

6 Translate the sentences into French.

1 Je préfère aller au bord de la mer parce que j'aime nager.

2 Je n'aime pas (me) bronzer car c'est barbant.

3 D'habitude je vais en vacances en France avec ma famille.

4 Tous les ans, nous allons en Espagne en avion.

5 Je voudrais faire du ski au Canada.

7 Answers will vary.

8.2 Regions of France

8.2 G Qu'est-ce que tu as fait?
(pp130–131)

1 Sort these words and phrases into three groups: sporting facilities, accommodation, holiday activities.
Sporting facilities: 1, 6, 9; Accommodation: 4, 7, 8;
Holiday activities: 2, 3, 5

2 Élise is describing her visit to Reims. In what order does she mention the activities in the pictures? Write the letters in the correct order.
B, E, C, A, D

Transcript

J'ai passé trois jours à Reims. Lundi matin je suis allée au musée et l'après-midi j'ai fait du vélo avec mon frère. Mardi on est sortis en ville et on a visité la belle cathédrale et, le soir, on a mangé dans un petit café en ville. Mercredi, avant de rentrer, je suis allée au marché et j'ai acheté des fruits pour le voyage.

3 Read Yannick's opinion of seven activities he did on holiday. Which activities did he like? Write the four correct numbers.
2, 5, 6, 7

4 Complete the sentences using any appropriate intensifier.
Any intensifier (*très, assez, vraiment*) acceptable in any gap.

5 Answers will vary.

6 Replace the verb in brackets with the correct form of the perfect tense.

1 ai mangé   2 a joué   3 avons fini   4 a vendu

7 Answers will vary.

8 Answers will vary.

8.2 F Découverte de la France (pp132–133)

1a Lis le texte sur les vacances de Martin. Trouve la bonne image (A–J) pour chaque paragraphe (1–5).

1 C   2 E   3 D   4 G   5 I

1b Read the text again and decide if these sentences are true (T) or false (F).

1 F   2 F   3 T   4 T   5 F

2 Translate these cognates and near-cognates into English.

1 difficult   2 (amusing), fun   3 liberty, freedom
4 to reserve, book   5 (content), happy

3 Listen to Fatima talking about her holiday in Normandy. Answer the questions in English.

1 last summer   2 fantastic / hot weather
3 they visited museums   4 they went shopping
5 they were too noisy (in the mornings)

Transcript

L'été dernier j'ai fait du camping avec deux copines en Normandie. C'était vraiment fantastique car il faisait tout le temps chaud. Nous avons visité plusieurs musées à Caen et j'ai passé des heures agréables sur la plage d'Ouistreham pendant que mes copines faisaient des achats en ville. Le seul inconvénient, c'était nos voisins au camping qui faisaient trop de bruit le matin!

4 Listen to Paul's parents discussing a visit to the Cité de l'espace, a theme park in France. Choose the correct phrases to complete each sentence.

1 B   2 A   3 B   4 C

Transcript

— Je crois que Paul a vraiment aimé la Cité de l'espace.

— Ah oui, c'était génial.

— Pour moi, il y avait trop de monde au Futuroscope, mais l'entrée n'était pas chère.

— C'est vrai. Mais le voyage de retour était trop long.

5 Choose the correct form of the imperfect tense to complete each sentence.

1 jouais   2 allions   3 visitait   4 passaient   5 arrivais

6 Answers will vary.

7 Translate the following sentences into French.

1   Il y avait souvent du soleil dans le sud de la France. / Il faisait toujours beau dans le sud de la France.

2   Je jouais au foot quand mes copains / copines sont arrivé(e)s.

3   Mon frère faisait du ski chaque matin à la montagne.

4   L'été dernier je bronzais chaque jour.

8 Answers will vary.

Grammar practice (pp134–135)

1 Make the following sentences negative and translate them into English.

1   Je **n'**aime **pas** faire les magasins en ville. *I don't like shopping in town.*

2   Je **ne** passe **pas** mes vacances en Espagne. *I don't spend my holidays in Spain.*

3   Je **ne** vais **pas** en vacances avec ma famille. *I don't go on holiday with my family.*

4   Je **n'**ai **pas** visité la France en octobre. *I didn't visit France in October.*

5   Ce **n'**était **pas** génial. *It wasn't great.*

6   Ma sœur **n'**aime **pas** jouer au basket. *My sister doesn't like playing basketball.*

2 Complete the sentences with the correct perfect-tense verb form from the box.

1 suis allé   2 sont partis   3 suis arrivé   4 sommes sortis
5 est allé   6 sont rentrées

3 Put the verbs in brackets into the correct form of the present tense. Then translate the sentences into English.

1   vais; *I've been going on holiday to France for three years.*

2   habitent; *My friends have been living in Spain for a month.*

3   passe; *She has been spending her holidays in Scotland for five years.*

4   attendons; *We have been waiting for the plane for five hours.*

4 Translate the following sentences into English.

1 I love Spain. I have been going there on holiday for five years.

2 It was great to visit the markets and buy souvenirs there.

3 I like playing handball. I have been playing it for three years.

4 My sister loves history. She has been interested in it for several years.

5 Gabriel would like to go to Paris. His brother went there last year.

5 Complete the sentences with the correct imperfect-tense verb from the box.

1 avait 2 était 3 faisait 4 avais 5 faisaient 6 étaient

Test and revise: Units 7 and 8

Reading and listening

Foundation – Reading and listening (pp138–139)

1 Choose the correct person: André (A), Barthe (B) or Claudine (C).

1 B 2 A 3 C 4 C 5 A 6 B

2 Read Sandrine's blog about her holidays. Decide which **five** sentences are true.

1, 4, 6, 9, 10

3 Lisez le texte de Paul et trouvez la bonne réponse. Écrivez la bonne lettre.

1 B 2 C 3 A 4 B 5 A

4 Translate the following passage into **English**.

Suggested answer

It is very important to protect the environment. At home we always recycle bottles and newspapers. I have also started to save water and electricity. My father is not going to use his car too much to be greener.

5 Listen to four young people talking about problems in their area. Choose the problem they mention and write the correct letter for each one.

1 E 2 D 3 A 4 G

Transcript

1 Dans ma ville il n'y a pas assez de centres de recyclage.

2 Là où j'habite, il y a beaucoup de pollution parce que c'est une région industrielle.

3 Dans ma région il y a trop de bruit, même le soir. On est tout près d'un aéroport.

4 Je n'aime pas ma ville parce qu'il y a beaucoup de chômage. Il est très difficile de trouver un emploi.

6 Listen to four people talking about different holidays. What problem does each person describe?

1 delays at the airport   2 waiters were rude
3 weather was cold   4 hotel room was dirty

Transcript

1 On a dû attendre presque cinq heures à l'aéroport pour notre vol de retour. C'était pénible et aussi tout à fait barbant!

2 Nous avons passé nos vacances dans un petit hôtel à la campagne. Au restaurant, les serveurs étaient vraiment impolis!

3 Moi, j'ai passé des vacances horribles dans le nord de la France. Notre hôtel était génial et le service impeccable, mais il a fait très froid pendant toute la semaine.

4 Je suis allée en vacances dans le nord-est de la France. Malheureusement notre chambre d'hôtel était très sale.

7 Écoutez les cinq jeunes qui parlent des vacances. Pour une opinion négative, écrivez N. Pour une opinion positive, écrivez P. Pour une opinion positive et négative, écrivez P+N.

1 P 2 N 3 P 4 P+N 5 P+N

Transcript

1 J'ai visité Madrid avec un groupe de copains. J'ai pu pratiquer mon espagnol, alors c'était utile.

2 Je suis allé en vacances en Italie avec ma famille. Malheureusement notre hôtel était nul et les repas au restaurant n'étaient pas bons.

3 Moi, j'ai passé mes vacances au pays de Galles. J'ai trouvé les gens très aimables et j'ai bien rigolé avec mes copains.

4 Je suis rentré de mes vacances en Allemagne. Il a fait très beau et notre gîte était bien équipé. Pourtant, il n'y avait pas beaucoup à faire là-bas et je me suis ennuyé, surtout le soir.

5 Je viens de rentrer de mes vacances au Canada. Le ski m'a plu, mais j'ai dû visiter plusieurs musées avec mes parents et j'ai trouvé ça monotone.

Writing and translation

Foundation – Writing and translation (pp140–141)

1 Vous envoyez une photo de vos vacances à un(e) ami(e). Qu'est-ce qu'il y a sur la photo? Écrivez **quatre** phrases en **français**.

Suggested answers

1 Il y a une piscine en plein air.

2 Il fait chaud.

3 Un garçon plonge dans l'eau.

4 Il est content.

2 Vous êtes en vacances et vous écrivez à votre ami(e). Écrivez environ **40** mots en **français**.

Suggested answer

Je suis en vacances au bord de la mer en Espagne. Il fait très chaud ici. Nous logeons dans un grand hôtel chic et moderne. Je nage tous les jours et je fais de la planche à voile de temps en temps.

3a Translate the following sentences into **French**.

1 Je vais en vacances avec mes parents.

2 J'aime nager.

3 L'année dernière j'ai joué au foot sur la plage.

4 Le soir je vais à un restaurant en ville.

5 Je n'aime pas visiter des musées. C'est ennuyeux.

3b Translate the following sentences into **French**.

1 Dans ma ville il y a beaucoup de circulation.

2 Je vais à l'école en vélo.

3 La pollution est un problème dans ma région.

4 Il y a beaucoup de SDF dans la rue.

5 Je voudrais aider les pauvres.

4a Vous décrivez les problèmes de l'environnement dans votre région. Écrivez environ **90** mots en **français**. Répondez à chaque aspect de la question.

Suggested answer

Selon moi les problèmes principaux dans ma région sont la pollution et la circulation. Il y a trop de voitures et de camions en ville, surtout entre cinq et six heures du soir, et ils causent beaucoup de pollution. Je pense que c'est affreux car il y a des embouteillages presque tous les jours. Il faut encourager les transports en commun à mon avis. Récemment j'ai recyclé des bouteilles et du papier au centre de recyclage dans ma ville. À l'avenir je vais essayer d'économiser plus d'énergie, par exemple je vais éteindre les lumières quand je sors d'une pièce chez moi.

4b Vous décrivez les vacances. Écrivez environ **90** mots en **français**. Répondez à chaque aspect de la question.

Suggested answer

Normalement, je passe mes vacances au pays de Galles avec ma famille et nous faisons souvent du camping. J'adore jouer au foot et au tennis avec mes frères car je suis très actif, et de temps en temps nous visitons un musée ou un monument historique. L'année dernière, je suis allé en Italie avec mon oncle et nous avons logé dans un petit hôtel près de Rome. Je me suis bien amusé et il a fait beau. Mes vacances de rêve seraient en Australie car j'aimerais y voir tous les animaux sauvages.

Speaking

Foundation – Speaking (pp142–143)

1 Answers will vary.

2 Answers will vary.

3 Answers will vary.

4 Answers will vary.

Theme 3: Current and future study and employment

Dictionary skills

To be or to have: that is the question (p145)

1 Use a dictionary to look up the underlined verbs. Follow the ▷ symbol to the right verb. Then translate what the exchange student has written into English.

I am vegetarian.   I don't have any allergies.
My mother is an architect.   She has an office in town.
My brothers are mischievous.   Do you have any animals?

Unit 9: My studies

9.1 School and subjects

9.1 G L'école et les matières (pp146–147)

1 Clémentine is describing her school. Match the sentence halves.

1 g   2 c   3 e   4 f   5 a   6 h   7 b   8 d

2 Here is Clémentine's school report. For each subject, decide whether the comments are positive (P), negative (N) or positive and negative (P+N).

Français N   Anglais P   Maths P+N   Histoire-géo P
Sciences N   Technologie N   Espagnol P+N

3a Listen to Olivier talking about his school. Which three sentences are true?

2, 5, 7

3b Listen again and correct the false statements from activity 3a.

1   In his school, there are **450** students.

3   His history teacher gives the class homework **twice a week**.

4   He **doesn't like** eating in the school canteen. (It's too noisy.)

6   He **walks** home.

Transcript

Dans mon collège, il n'y a pas beaucoup d'élèves. Il y en a environ 450.

Ma matière préférée, ce sont les maths car le prof est sympa mais j'aime moins l'anglais car je ne comprends pas très bien la langue. Notre prof d'histoire m'énerve beaucoup. Il nous donne des devoirs deux fois par semaine mais nous n'avons pas assez de temps pour les finir.

À midi, je mange à la cantine mais ce n'est pas bien car il y a trop de bruit.

Quand les cours finissent, à seize heures, je rentre à la maison à pied parce que ce n'est pas trop loin. Avant de manger, je passe environ deux heures à faire mes devoirs. C'est un peu pénible!

4 Choose the correct word to complete each statement.

1 vraiment   2 trop   3 trop / si   4 très   5 extrêmement

5 Answers will vary.

6 Answers will vary.

9.1 F La journée scolaire (pp148–149)

1 Trouve un mot pour chaque catégorie. Les mots doivent commencer par la bonne lettre.

Suggested answers

C la chimie, le cahier, la cantine   **G** la géographie, la gomme, le gymnase   **S** les sciences, le sac, la salle de classe   **T** la technologie, le tableau, le terrain de sport

2 Read about Henri's first day at secondary school. Are these sentences true (T), false (F) or not mentioned in the text (NM)?

1 F   2 T   3 NM   4 T   5 T   6 F   7 F   8 T   9 NM

3 Rewrite the following sentences in the perfect tense.

1   J'ai travaillé dur au collège.

2   Mes copains ont mangé de la salade à la cantine.

3   Nous avons joué au basket dans la cour.

4 Le professeur principal a donné des instructions aux élèves.

5 'Tu as passé une bonne journée?' a demandé ma mère.

4 Translate these sentences into French.

1 J'ai trouvé le professeur très intéressant.

2 Elle a fermé son livre quand ça a sonné.

3 Les élèves ont joué au handball au gymnase.

4 Nous avons mangé des frites à la cantine.

5 Hier, j'ai acheté un nouveau cahier.

5 Listen to Cécile's account of a school trip and answer the questions in English.

1 the zoo

2 by coach

3 chat and sing to annoy the teachers

4 monkeys

5 ate a sandwich, threw a banana in the bin and bought a toy giraffe

6 not very interesting because she is too old for zoos / zoos are for younger children

Transcript

Avant-hier, j'ai visité le zoo avec ma classe. Nous y sommes allés en car et pendant le trajet on a bavardé et on a chanté pour énerver les profs. Après notre arrivée au zoo, j'ai remarqué qu'il y avait des singes partout dans les arbres. Plus tard, j'ai passé une demi-heure à regarder les girafes parce que je les trouvais fascinantes.

À midi, j'ai mangé le sandwich que ma mère avait préparé pour moi. Dans mon sac, j'ai aussi trouvé une banane. Mes copines ont dit que je ressemblais à un singe. J'ai donc jeté la banane à la poubelle. Ensuite, je suis allée avec mes copines au magasin où j'ai acheté une girafe en peluche.

J'ai trouvé que la journée n'était pas tellement intéressante parce qu'à mon avis, une visite au zoo est plutôt pour les petits. Selon moi, les élèves de quatrième sont trop âgés pour ça!

6 Answers will vary.

7 Answers will vary.

8 Answers will vary.

Unit 10: Life at school and college

10.1 Life at school and college

10.1 G La vie scolaire (pp150–151)

1 Sort sentences 1–7 into three groups: positive (P), negative (N) or positive and negative (P+N).

1 N 2 N 3 P 4 P+N 5 P+N 6 N 7 P

2 Francine and Nathan describe an exchange visit to a British school. Complete the table in English.

	Advantages	Disadvantages
Francine	After-school clubs, teachers are funny	Noisy canteen, too rushed, cold in the classrooms
Nathan	School uniform, number of computers and interactive whiteboards	Holidays too short, too many exams

3 Answers will vary.

4a Listen to five students talking about differences between French and British schools. What aspect does each student mention? Choose the correct letter.

1 G 2 B 3 H 4 F 5 C

4b Listen again. Then complete these sentences with *plus*, *moins* or *aussi*.

1 plus 2 plus 3 moins 4 moins 5 aussi

Transcript

1 Ma correspondante anglaise habite assez loin du collège et on a dû prendre le bus de ramassage. C'était vraiment fatigant.

2 En France, on a trop de devoirs. Tous les soirs je passe plus de deux heures à les faire. Il y en a moins en Grande-Bretagne, je crois.

3 Dans les collèges français, les cours commencent trop tôt et ils finissent trop tard. On n'a pas assez de temps libre. J'aime mieux la journée scolaire britannique.

4 En Angleterre, on se lève plus tard parce que les cours commencent à neuf heures. On mange plus vite à midi. Et les cours finissent plus tôt. On a donc plus de temps libre le soir.

5 Dans la classe de mon correspondant, il y a trop d'élèves qui ne sont pas attentifs. On ne peut pas travailler parce qu'ils parlent tout le temps. Mais on a le même problème en France.

5 Translate the sentences into English.

1 The English teacher explains grammar as well as the French teacher.

2 We play basketball less often than (we play) football.

3 He speaks German worse than I do.

4 My sister does her homework more regularly than I do.

5 I speak French better than my friend does.

6 Answers will vary.

7 Answers will vary.

10.1 F Le règlement scolaire (pp152–153)

1 Est-ce que ces règles sont appropriées ou pas? Trouve les trois qui sont appropriées.
2, 4, 5

2 Lis ce texte sur le règlement scolaire d'il y a 60 ans. Est-ce que les phrases suivantes sont vraies (V), fausses (F) ou pas mentionnées (PM)?
1 PM   2 F   3 F   4 V   5 F   6 PM   7 V   8 F

3 Qu'est-ce que les mots soulignés veulent dire?
1 headwear   2 furniture   3 behaviour   4 swear words

4 Complete each sentence with the correct form of the verb in brackets.
1 veux   2 peux   3 doit   4 pouvons, voulez   5 peuvent
6 veulent   7 doit   8 doivent

5 Listen to four French students talking about the advantages and disadvantages of school uniform. Answer the questions in English.

1 Pupils come to lessons ready to work.

2 You cannot express your personality and it's not fashionable.

3 Any two of: It's cheaper; some pupils wear clothes to impress others; this is not possible with a uniform.

4 Any two of: There is less bullying; pupils cannot make fun of others; it's easy to decide what to wear.

Transcript
— Que penses-tu de l'uniforme scolaire, Flora?

— Pour moi les élèves, ils arrivent en classe prêts à travailler. Ils doivent tout de suite être attentifs en cours. Je pense que c'est une bonne chose.

— Tu es d'accord, Michel?

— Pas du tout! On ne voit pas de différences entre les élèves et on ne peut pas exprimer sa personnalité. Je suis contre l'uniforme parce que généralement ce n'est pas à la mode. Les jeunes veulent un look cool.

— Et toi, Églantine, qu'en penses-tu?

— Les uniformes sont bien moins chers que les vêtements que les élèves préfèrent porter. Dans mon collège, il y a des élèves qui portent certains vêtements pour impressionner les autres. En Grande-Bretagne, ce n'est pas possible parce qu'il faut porter un uniforme et c'est bien.

— Et François, tu es pour ou contre l'uniforme scolaire?

— Il y a moins d'intimidation parce qu'on ne peut pas se moquer des vêtements des autres. Il y a aussi un autre côté positif. Il est plus facile de choisir ce qu'on va porter pour aller au collège.

6 Answers will vary.

7 Answers will vary.

Grammar practice (pp154–155)

1 Complete these sentences with *plus de*, *moins de* or *autant de*. Remember to change *de* to *d'* where necessary.
1 plus de   2 moins d'   3 autant de   4 autant de
5 moins d'   6 plus de

2 Translate the words in brackets to complete these sentences. Then translate the whole sentence into English.

1 beaucoup de; *I don't have a lot of / much time.*

2 assez d'; *There are not enough computers.*

3 trop de; *We have too much work.*

4 plus de; *She has more pens than I do / have.*

5 moins de; *The pupils do / are doing less sport this year.*

3 Complete the sentences with the correct pronoun.

1 toi   2 eux / elles   3 lui   4 moi   5 elle   6 vous
7 nous   8 moi

4 Choose the correct adverb to complete each sentence.

1 partout   2 Avant-hier   3 Bientôt   4 loin   5 dehors
6 nulle part   7 demain   8 près

5 Translate the words in brackets into French to complete the sentences.

1   Maxime court **le plus vite**.
2   Édouard travaille **le plus lentement**.
3   Claire parle **le plus souvent**.
4   Anna aime le prof de chimie **le moins**.
5   Mathilde dessine **le pire**.
6   Arthur chante **le mieux**.
7   Noémie est absente **le plus rarement**.
8   Le prof de biologie explique **le moins bien**.

6 Add *Il faut* or *Il ne faut pas* to each of these sentences as appropriate.

1 Il ne faut pas   2 Il faut   3 Il faut   4 Il ne faut pas
5 Il ne faut pas   6 Il ne faut pas   7 Il faut
8 Il ne faut pas

Unit 11: Education post-16

11.1 University or work?

11.1 G Continuer ses études ou non? (pp158–159)

1 Listen to Luc, Camille and Arnaud talking about their decision not to continue with their studies. For each student, choose two of the statements A–H. Write the correct letters.

Luc E, F   Camille B, H   Arnaud A, D

Transcript

Luc   Je m'appelle Luc. J'en ai vraiment marre d'étudier. Mon frère est allé à l'université mais il ne peut pas trouver de travail, ce qui prouve que les diplômes sont inutiles. Je ne sais pas ce que je vais faire à l'avenir. Cela me rend un peu malheureux, mais le lycée ne m'intéresse pas beaucoup.

Camille   Je m'appelle Camille. J'ai décidé de ne pas continuer mes études parce que je veux faire ce qui me plaît vraiment. Mes parents sont contre, mais, malgré leurs protestations, ce que je veux faire, c'est devenir apprentie mécanicienne grâce à ma passion pour les voitures.

Arnaud   Je m'appelle Arnaud. Je ne vais pas continuer mes études tout de suite parce que je veux faire une année sabbatique. D'abord, je vais trouver un travail à temps partiel, ce qui va me permettre d'aller en Australie, à Tahiti et à la Réunion. Ça va être extrêmement passionnant. Après cela, je veux travailler peut-être avec des animaux, mais je ne suis pas certain de ce que je veux faire.

2 Complete the sentences with *ce qui* or *ce que* (or *ce qu'*).

1 ce que   2 ce que   3 ce qui   4 Ce que   5 ce qui   6 ce qu'
7 Ce qui   8 ce qui

3a Read about three different types of *baccalauréat*, the French equivalent of A levels. Which *bac* would you recommend for the following?

1 Le bac L   2 Le bac restauration   3 Le bac S

3b Read the text again. Decide whether these statements are true (T), false (F) or not mentioned in the text (NM).

1 F   2 T   3 T   4 NM   5 T   6 T   7 F   8 NM

4 Answers will vary.

5 Answers will vary.

11.1 F L'orientation (pp160–161)

1a Read the article about choosing study options. Choose a heading for each paragraph.

1 C   2 B   3 E   4 D   5 A   6 F

1b Translate paragraphs C and D of the article into English.

Suggested answer

C   It's very hard, at the age of 16, to know exactly what will be the job of your life. That's quite normal! If you decide on the areas or fields of work that attract you (media, accountancy, industry, health, tourism, etc.) then you will have a chance of doing a course that will help you.

D Do you hate figures? Does team-work get on your nerves? It's worth listing jobs, subjects and fields which you don't like. If you eliminate certain options, that can help you choose the *bac* that suits you best.

2a Écoute ces professeurs qui parlent d'une élève, Morgane, pendant un conseil de classe. Pour une opinion négative, écris N. Pour une opinion positive, écris P. Pour une opinion positive et négative, écris P+N.

1 P+N   2 N   3 N   4 P   5 N

2b Listen again. Choose the three sentences which are true.

2, 4, 5

Transcript

— En maths, Morgane a des résultats corrects, et sa participation à l'oral est fréquente et pertinente. Cependant il y a eu trois devoirs non faits durant ce premier trimestre. Quand elle ira au lycée, elle devra travailler de façon plus sérieuse.

— En anglais elle a des résultats décevants. Si elle continue à passer son temps à bavarder, elle aura des problèmes au lycée l'année prochaine.

— En allemand, Morgane a eu des résultats insuffisants. J'attends une amélioration de son comportement au second trimestre: quand elle viendra en classe avec ses affaires, ce sera un bon début.

— En histoire-géo, Morgane travaille dur et elle a eu des notes très satisfaisantes. Je serai ravi si ça continue. Elle mérite des félicitations. Elle a une vraie envie d'apprendre. Je recommande qu'elle s'oriente vers un bac L.

— En français, elle semble perdue. Elle se moque des élèves qui veulent travailler et son influence sur la classe n'est pas acceptable. Si elle ne fait pas d'efforts, je recommanderai le redoublement.

3 Match the sentence halves.

1 c   2 e   3 d   4 a   5 b   6 f

4 Answers will vary.

5 Answers will vary.

12.1 Choice of career

12.1 G L'avenir (pp162–163)

1 Match the jobs in the box with the locations 1–6.

1 infirmier   2 professeur   3 fermier   4 secrétaire   5 mécanicienne   6 instituteur

2a Listen to six people talking about their career hopes. Choose the correct photo for each person.

1 A   2 C   3 E   4 F   5 D   6 B

2b Listen again and complete these sentences in English.

1 hotel   2 websites   3 friends   4 abroad   5 shopping   6 animals

Transcript

1 J'adore préparer la nourriture. J'aimerais travailler dans un grand hôtel de luxe.

2 Je me passionne pour l'informatique. Je m'intéresse à la conception des sites pour le web.

3 J'aime rencontrer des gens. Pour moi, l'avantage de travailler dans un salon c'est qu'on peut développer des amitiés avec les clients. C'est aussi un travail créatif.

4 J'ai envie d'aider les gens. Je rêve de soigner les malades et peut-être de faire du travail humanitaire à l'étranger.

5 J'apprécie le contact avec le public. Ce que j'aimerais faire, c'est aider les clients quand ils font des achats. Le commerce est un domaine qui est important pour l'économie.

6 Je me passionne pour les animaux. Ça m'intéresserait de pouvoir les aider. C'est mon rêve et je travaillerai très dur pour réussir. Mais je sais qu'il y a très peu de places. Quel dommage!

3 Read about Nathan and Clémentine's work experience. Who says what? Choose N (Nathan), C (Clémentine), or N+C (both of them).

1 N+C   2 N   3 N+C   4 C   5 N+C   6 N   7 C   8 N

4a Match the sentence halves.

1 e   2 c   3 d   4 a   5 g   6 b   7 f

4b Now find five expressions of liking / disliking in the texts in activity 3.

Any five of: je m'intéresse aux vêtements; je me passionne un peu moins pour la mode; j'aimerais peut-être devenir comptable; le travail de journaliste m'intéresse beaucoup; j'étais contente de mon stage; je me passionne pour le français

5 Look back at Nathan's text in activity 3. Find and translate into English the three examples of exclamations.

Quelle chance! (*What luck!*)   Quelle barbe! (*What a pain!*)   Quel dommage! (*What a shame / pity!*)

6 Answers will vary.

7 Answers will vary.

12.1 F Comment obtenir un emploi (pp164–165)

1 Mets les étapes suivants dans le bon ordre.

7, 4, 5, 6, 1, 3, 2

2 Read the account and decide whether statements 1–8 are true (T), false (F) or not mentioned in the text (NM).

1 NM 2 T 3 F 4 F 5 F 6 NM 7 T 8 F

3a Listen to Anaïs being interviewed for a job. Put these sentences into the correct order.

2, 5, 4, 1, 6, 3

3b Listen again and answer the questions in English.

1   work experience in a lawyer's office and worked as a waitress
2   lack of confidence and liking desserts / being greedy
3   team work
4   launch new products
5   answer the phone and read letters and emails

Transcript

— Bonjour, Anaïs. Parlez-moi de vous.

— J'ai fait des études de droit à l'université de Rennes. J'ai fait un stage dans un cabinet d'avocat. J'ai un petit job comme serveuse dans un café au centre-ville. Je cherche un emploi permanent et votre entreprise est connue pour être une des plus dynamiques et innovatrices.

— Quels sont vos principaux défauts?

— Je peux parfois manquer de confiance en moi, et je suis très gourmande, je suis surtout tentée par les desserts.

— Et vos principales qualités?

— Je crois que je suis organisée, travailleuse. Vous pouvez compter sur moi.

— Quels sont vos loisirs?

— Pour moi, le sport est la meilleure façon de passer mon temps libre. La compétition, la concentration et l'endurance physique sont de bonnes choses. En plus, le sport vous apprend à travailler en équipe.

— Quel poste aimeriez-vous occuper dans cinq ans?

— Je n'ai pas une vision très précise de ce que je voudrais faire, mais ce qui m'intéresse le plus c'est aider à lancer de nouveaux produits.

— Quel est votre niveau d'anglais?

— Je suis capable de répondre au téléphone et de lire des lettres et des mails. L'anglais n'était pas ma meilleure matière au lycée mais je me débrouille.

— Merci bien, Anaïs.

4a Translate these sentences into English.

1   Many young people are injured at work.
2   My studies are finally finished.
3   They are well paid by the business / company.
4   The emails are sent by my colleague.
5   The advertisement is published on the recruitment page.

4b Find six examples of the passive in the texts in activity 2.

Any six of: Mon handicap est causé par de l'arthrose; C'est une étape qui est franchie par tout le monde; Pas mal de stress est provoqué par tout ça; j'étais effrayé par l'idée de travailler avec les autres; on est obligé de parler; (J'ai été recruté par une entreprise); Je suis accepté par mes collègues; Mon travail est apprécié.

5 Answers will vary.

6 Answers will vary.

7 Answers will vary.

Grammar practice (pp166–167)

1 Translate these sentences into English.

1   – Do you agree with me? – Absolutely.
2   The work is so boring.

3 What you say is completely false.

4 I'm not entirely certain.

5 Your answer is not totally correct.

2 Choose the correct intensifier to complete each sentence.

1 complètement 2 assez 3 entièrement 4 totalement

3 Rewrite these sentences putting the main verb in the conditional.

1 Je voudrais trouver un métier dans le sport.

2 Est-ce que tu aimerais travailler à l'étranger?

3 Ils voudraient faire une année sabbatique.

4 Il n'aimerait pas ce travail.

5 Nous voudrions avoir un travail bien payé.

6 Elle ne voudrait pas travailler dans un bureau.

7 Où voudriez-vous travailler?

8 Je n'aimerais pas faire le ménage.

4 Choose the correct verb form to complete each sentence.

1 irai 2 travailleras 3 feront 4 chercherons 5 réussirez
6 termineras 7 a 8 passé

5 Translate the words in brackets into French to complete the sentences.

1 Chantal est **plus travailleuse** que moi.

2 Tu es **aussi paresseux** que mon frère!

3 Mon bureau est **plus grand** que ma maison.

4 Son salaire est **meilleur** maintenant.

5 Ils sont **moins motivés** que toi.

6 Mes résultats sont **les meilleurs**.

7 C'est l'idée **la plus intéressante**.

8 Le vendredi est **le meilleur** jour de la semaine.

Test and revise: Units 9–12

Reading and listening

Foundation – Reading and listening (pp170–171)

1 Choose the correct person: Alice (A), Béatrice (B) or Christophe (C).

1 C 2 B 3 A 4 A 5 C 6 A 7 C

2 Read Camille's blog about her day. Choose the correct answer.

1 B 2 A 3 C 4 C 5 A

3 Lisez cette demande d'emploi, écrite par François, et répondez aux questions en **français**.

1 serveur

2 travailleur / sérieux / organisé / motivé / humour / aime le travail d'équipe

3 l'équitation / le cheval et les randonnées

4 son manque d'expérience

5 donner des informations (supplémentaires) et venir à un entretien

4 Translate the following passage into **English**.

Suggested answer

On Saturdays I work in a clothes shop. Last week I bought a new pair of trousers. It was good because I got / received a reduction / discount. I don't know if I'm going to continue to work next year. I have a lot of school work.

5 Listen to five teenagers saying what they think about school. Choose the aspect of school they mention and write down the correct letter.

1 D 2 F 3 G 4 B 5 E

Transcript

1 Ce qui me plaît au collège, c'est retrouver mes copines. Nous nous entendons très bien et nous nous amusons beaucoup.

2 Mon collège, ça va, mais il a besoin de rénovation. Il est assez vieux. Les salles de classes sont trop petites et les couloirs sont étroits.

3 Je rentre chez moi à la pause-déjeuner car je ne veux plus manger au collège. Le service est lent et la nourriture dégoûtante.

4 Nous avons trop de cours par jour. On commence tôt et on finit tard. C'est fatigant.

5 Je ne peux pas sortir en semaine parce que nous avons trop de travail à faire à la maison.

6 Écoutez cinq jeunes qui parlent d'une visite scolaire. Pour une opinion négative, écrivez N. Pour une opinion positive, écrivez P. Pour une opinion positive et négative, écrivez P+N.

1 P 2 P+N 3 N 4 P+N 5 P

Transcript

1 La visite à Londres m'a permis de pratiquer une langue vivante en situation. J'ai trouvé cela utile. Londres a aussi un riche patrimoine historique.

2 C'est la première fois que je suis partie sans mes parents, ce que j'ai apprécié. Mes amis et moi avons beaucoup rigolé. Mais le voyage ne m'a pas plu parce que j'ai eu le mal de mer.

3 On a visité pas mal de musées. J'ai trouvé ça monotone et sans intérêt. On n'avait pas de liberté. Les profs nous ont surveillés sans cesse.

4 J'ai aimé les visites culturelles, surtout les galeries d'art. Malheureusement, l'hôtel était sale et loin du centre-ville.

5 Je n'étais pas du tout déçu. C'est une belle ville animée et je voudrais y retourner.

3 Je commence le travail à huit heures.

4 Les clients sont quelquefois impolis.

5 La semaine dernière j'ai acheté un nouveau vélo / un vélo neuf.

Writing and translation

Foundation – Writing and translation (pp172–173)

1 Vous envoyez cette photo de votre visite scolaire à un(e) ami(e). Qu'est-ce qu'il y a sur la photo? Écrivez **quatre** phrases en **français**.

Suggested answer

1 C'est une classe de filles en visite scolaire.

2 Une fille porte des lunettes de soleil bleues.

3 Elles écrivent des notes.

4 Elles sont peut-être dans une grande ville.

2 Vous écrivez à votre ami(e) français(e) pour décrire votre collège. Écrivez environ **40** mots en **français**.

Suggested answer

Dans mon collège, il y a environ 800 élèves. J'aime la cantine parce que c'est assez moderne et que la cuisine est bonne. Les professeurs sont gentils mais quelquefois ils sont stricts. À la pause-déjeuner, je joue aux échecs ou je joue au basket dans la cour.

3a Translate the following sentences into **French**.

1 Mon professeur est très petit.

2 J'aime l'anglais et le dessin.

3 Je fais mes devoirs dans ma chambre.

4 Dans mon collège / école il y a une grande bibliothèque.

5 La semaine dernière j'ai lu un bon livre.

3b Translate the following sentences into **French**.

1 Le samedi, je travaille dans un magasin.

2 C'est assez facile mais fatigant.

4a Vous décrivez votre travail idéal pour votre blog. Écrivez environ **90** mots en **français**. Répondez à chaque aspect de la question.

Suggested answer

À l'avenir, je voudrais étudier à l'université et puis, j'aimerais travailler comme médecin dans un hôpital à Paris. Cette profession m'intéresse parce que je veux aider les gens et que c'est très bien payé. À mon avis, un bon médecin doit être patient et sympa. Il doit écouter les malades et travailler dur. On m'a dit que j'ai les qualités nécessaires pour faire ce métier. L'année dernière, j'ai fait un stage dans un grand hôpital parce qu'il est important de comprendre les avantages et les inconvénients du métier.

4b Vous décrivez une journée typique à l'école pour votre blog. Écrivez environ **90** mots en **français**. Répondez à chaque aspect de la question.

Suggested answer

Hier, j'ai pris le bus comme d'habitude. Malheureusement, le bus est arrivé en retard et je suis entré dans la salle de classe après le commencement du cours. Le prof n'était pas content. À la récréation, je joue normalement au foot. À la pause-déjeuner, je vais à la bibliothèque pour faire mes devoirs. D'habitude, je mange un sandwich au fromage ou au jambon, et je bois de l'eau minérale. Cet été, je vais aller en vacances en Italie avec ma famille. Ça va être sympa / super parce que j'adore la cuisine italienne et qu'il va faire très beau.

Speaking

Foundation – Speaking (pp174–175)

1 Answers will vary.

2 Answers will vary.

3 Answers will vary.

4 Answers will vary.